Andrea Klein   So gelingt Ihre Hochzeitszeitung

Andrea Klein

So gelingt Ihre
Hochzeitszeitung

Redaktion, Layout, Finanzierung,
Texte, Bilder

In Zusammenarbeit mit der Zeitschrift

Hochzeitsplaner

Vorwort

Warum heiratet ein Paar? Hierfür gibt es die unterschiedlichsten Gründe, doch der wichtigste ist sicher die Liebe zueinander, die in den Wunsch mündet, den Rest des Lebens miteinander zu verbringen. Mit der Hochzeit möchten viele Paare sich als solches bekennen und ihre Zusammenge-hörigkeit offiziell bekannt geben.

Ein Anlass, der von Verwandten und Freunden des Brautpaares gern dazu genutzt wird, um einmal Resümee zu ziehen, das Leben der beiden zusammenzufassen und die Familienchronik zu erweitern. Das Ergebnis heißt dann »Hochzeitszeitung« und wird am Tag der Hochzeitsfeier den beiden Brautleuten überreicht. Meist bekommen auch die Gäste je ein Exemplar.

Die Hochzeitszeitung ist als Erinnerung an das besondere Ereignis gedacht und soll den Tag der Heirat unvergesslich machen. Ihre Aufgabe ist es nicht nur, die aktuelle Familienchronik zu sein, sondern sie gibt auch jedem, der die beiden Brautleute kennt und mag, die Gelegenheit, ihnen ein paar persönliche Worte zu übermitteln. Die Hochzeitszeitung kann überdies als eine Art Programmheft für die Gäste dienen, wenn in ihr die geplanten Aktivitäten mit Zeit- und Ortsangabe aufgelistet sind. Eine Programmein-lage der Gäste mit den verschiedensten Aufführungen könnte hier ebenfalls Platz finden. Auch Gedichte, Lieder und Sketche, die vorgetragen werden, sollten zusätzlich abgedruckt in der Hochzeitszeitung stehen.

Sie sehen, wenn man erst einmal über den Inhalt nachdenkt, kommt viel zusammen, was in einer derartigen »Illustrierten« Platz findet. Sicher hängt der Umfang der Hochzeitszeitung auch davon ab, wie viele »Mitarbeiter« Sie aus dem näheren Bekannten- und Verwandtenkreis der Brautleute dafür begeistern können. Und nicht zuletzt spielt natürlich auch der Preis eine Rolle. Je nachdem, wie aufwändig Sie das Heft gestalten wollen und wie viele Exemplare Sie davon planen anzufertigen, können sich große Unter-schiede im Herstellungsaufwand und -preis ergeben.

Dieses Buch hilft Ihnen bei der Anfertigung Ihrer Hochzeitszeitung. Im ersten Teil geht es auf die technischen und gestalterischen Möglichkeiten bei der Herstellung ein. Den zweiten Teil können Sie als Ideenfundgrube nutzen, Zeichnungen, Sprüche und Lieder direkt daraus entnehmen und anderes wie Spiele, Reden und Grüße an Ihre Bedürfnisse anpassen. Als Zeitungsmacher werden Sie bei Ihren Recherchen einiges Unterhaltsames über die Brautleute erfahren, und es ist Ihre Aufgabe, die verschiedenen Einzelheiten zu einem bunten Potpourri zusammenzustellen.

Eine Hochzeitszeitung ist eben ein persönliches Geschenk – und es macht viel Freude, sie anzufertigen. Genau dazu möchte dieses Buch beitragen.

Die Planung

Die Redaktion

Wenn Sie sich dazu entschlossen haben, eine Hochzeitszeitung zu gestalten, dann wissen Sie auch, dass dies mit einigem Aufwand verbunden ist. Dafür schenken Sie dem Brautpaar etwas sehr Persönliches und Einmaliges, an dem die beiden sich auch lange nach der Hochzeit noch gerne erfreuen.

Wie eine Hochzeitszeitung hergestellt wird, hängt von den technischen und zeitlichen Möglichkeiten der Gruppe, welche die Zeitung anfertigen will, also der so genannten Redaktion, ab – und natürlich auch von Ihren Ansprüchen an Aussehen und Qualität sowie den zur Verfügung stehenden Sach- und Geldmitteln.

Je nach Anfertigungsart müssen Sie den Zeitaufwand berücksichtigen, den die Herstellung Ihrer Zeitung benötigt. Ein geklebtes und gezeichnetes Exemplar nimmt sehr viel mehr Zeit in Anspruch als eine Hochzeitszeitung, die am Computer erstellt wird.

Suchen Sie sich deshalb Ihre Redaktion sorgfältig aus. Haben Sie einen Spezialisten, der gut schreiben, zeichnen oder fotografieren kann in Ihrem Bekanntenkreis beziehungsweise dem des Brautpaares? Oder jemanden mit einem neuen und gut ausgestatteten Computer, Scanner und/oder Farbdrucker?

Da Sie sicherlich die Planung und Koordination selbst übernehmen werden, suchen Sie sich am besten die Menschen aus, die Ihnen sympathisch sind. Allein das Erstellen der Zeitung kann oft mehr Spaß machen, als Sie denken. Am Anfang genügt ein »harter Kern« von hoch motivierten Mitarbeitern, mit dem Sie sich zum Brainstorming, einem »stürmischen Gedankenaustausch«, zurückziehen. Es werden Ideen gesammelt, Konzepte entwickelt und Möglichkeiten, diese umzusetzen, besprochen. Hier können Sie auch festlegen, wie viel Geld Sie etwa für die Zeitung investieren wollen oder auch können. Dient sie als Unikat und Einzelexemplar als Geschenk, oder soll sie für die gesamte Hochzeitsgesellschaft vervielfältigt werden? Als Einzelexemplar kann sie hochwertiger ausgestattet sein als die vervielfältigte Version, und je mehr Mitarbeiter Sie haben, desto mehr darf das gesamte Projekt auch kosten.

Zunächst benötigen Sie zwei Spezialisten: jemanden, der fotografieren, und jemanden, der zeichnen kann.

In den »Redaktionssitzungen« werden die Ressorts verteilt. Es wird geklärt, wer was am besten kann. Begabungen wie Gedichteschreiben, Lieder texten, Fotografieren und Zeichnen sind schnell entdeckt.

Sie selbst koordinieren die Aktionen und verteilen die Arbeit. Am besten suchen Sie sich Ihren »harten Kern« in Ihrer Nähe, so dass sie möglichst rasch zusammenkommen und die Köpfe zusammenstecken können. Die übrigen Beiträge werden dann außerhalb dieses Kreises gesammelt. Besonders gut ist es, wenn in Ihrem Redaktionsteam Freunde, Verwandte und Bekannte von Braut und Bräutigam vertreten sind. Diese kennen dann wiederum Leute, die ebenfalls Beiträge liefern können.

Ein enger Vertrauter des Brautpaares (am besten ein Elternteil) gibt Ihnen die wichtigsten Informationen und Telefonnummern aller weiteren in Frage kommenden Beitragslieferanten für die Zeitung. Sie benötigen beispielsweise Anekdoten aus der Kindheit, Babyfotos und andere verwertbare Dinge, die Sie in der Regel von den Eltern und Großeltern des Hochzeitspaares zugespielt bekommen.

Als Koordinator der Zeitung sollten Sie für alle Mitarbeiter gut erreichbar sein. Telefon und Handy leisten hier wertvolle Dienste.

Nun gilt es, mit den entfernteren Freunden und Verwandten Kontakt aufzunehmen. Tun Sie dies möglichst frühzeitig, es dauert erfahrungsgemäß lange, bis Sie die gewünschten Rückmeldungen erhalten. Planen Sie ein, dass mehrmals nachgehakt werden muss, bevor die ersten Beiträge eintreffen.

Der »Fotograf« unter Ihnen wird engagiert, fehlendes Bildmaterial unter Umständen selbst »nachzuschießen«. Wie wäre es mit einem heimlichen Foto beim Polterabend, beim Junggesellenabschied, bei der Anprobe des Hochzeitsfracks? Oder die »Kennenlernszene« des Brautpaares wird nachgestellt.

Gut ist auch, einen erfahrenen »Hochzeitszeitungsschreiber« in die Redaktion aufzunehmen. Besonders willkommen sind auch Mitarbeiter, die Material aus ihrem Fotoarchiv liefern können.

Je mehr Leute Sie zusammenbekommen, umso besser. Das gilt jedoch nicht für die Computerprogramme, mit denen die Texte erstellt werden. Es erspart viel Aufwand, wenn Sie vorher festlegen, mit welchem Textverarbeitungsprogramm gearbeitet werden soll. Besonders professionell ist es, wenn Sie an alle Beitragslieferanten per E-Mail oder auf einer Diskette die wichtigsten Formatierungen schicken.

Die Verteilung der Zeitung:

Sie sollten auf jeden Fall beachten, dass der Zeitpunkt günstig ist, wenn Sie Ihre sorgfältig erstellte Hochzeitszeitung dem Brautpaar überreichen und die vervielfältigten Exemplare an die Gäste verteilen. Ungünstig ist es beispielsweise, wenn die Musik spielt und getanzt wird oder gerade ein anderer Programmpunkt der Hochzeitsfeier abläuft. Gute Möglichkeiten, um die Hochzeitszeitung zu verteilen:

▶ Es wird ein Hochzeitsgedicht aufgesagt, das auch in der Zeitung abgedruckt ist, und danach wird die Zeitung verteilt.

▶ Einer der Mitwirkenden schnallt sich einen Bauchladen um und verteilt die Zeitung.

▶ Die Zeitung wird zur Menükarte – falls vorhanden – dazugelegt.

▶ Die Zeitung wird verkauft oder versteigert, der Erlös wird in einer schönen Spardose gesammelt und dem Brautpaar geschenkt.

Sobald Sie wissen, welchen Umfang Ihre Zeitung haben soll, rufen Sie die erste »Redaktionssitzung« zusammen und verteilen die Aufgaben.

Stellen Sie einen groben Terminplan auf, um zum Schluss nicht in Schwierigkeiten zu geraten. Planen Sie selbst für eine kleine Hochzeitszeitung mindestens zwei Monate Zeit ein.

Terminplan

Anfang März	Startpunkt: Der Hochzeitstermin ist bekannt (30. Mai).
Mitte März	Die Redaktion wird gebildet, die Namensliste der Beitragslieferanten erstellt und Themen werden gesammelt.
Ende März	Die Mitarbeiter stehen fest, die Arbeit wird verteilt: Hans hat einen Computer, Gabi besitzt einen Scanner und Klaus kann Kopien für die Hochzeitsgäste machen.
Anfang April	Brainstorming, das Konzept wird erarbeitet.
Mitte April	Gesammelte Beiträge durchsehen, fehlende Beiträge anmahnen, Fotos auswählen, Anekdoten mit Diktiergerät bei Eltern und Geschwistern aufnehmen, Ablauf der Hochzeit beim Brautpaar erfragen (Trauungszeremonie, Kirche usw.) und in die Zeitung einarbeiten, Programmvorschläge sammeln.
Ende April	Probeausdruck und Probekopie anfertigen.
Anfang Mai	Letzte Redaktionssitzung, Korrekturlesen, nachgereichte Beiträge einarbeiten, Zeremonienmeister für die Übergabe bestimmen, Verteilungsart und Zeitpunkt besprechen.
Mitte Mai	Die Zeitung ist fertig!

Das Format der Zeitung

Zu den ersten Entscheidungen, die Sie treffen müssen, gehört das Festlegen des Formates der Zeitung. Nach dem Format richtet sich unter anderem die Gestaltung des Blattes. Eine für Magazine und Kataloge übliche DIN-A4-Seite kann ganz anders aufgeteilt werden als ein DIN-A5-Blatt, das meist als Taschenbuchformat genommen wird – ganz abgesehen davon, dass auf eine DIN-A4-Seite weitaus mehr Text passt. Auch für die Berechnung der Kosten ist das Format wichtig. Zusammen mit dem Umfang, der Art des Papieres, der Anzahl der Fotos und Zeichnungen sowie der Anzahl der gedruckten oder fotokopierten Exemplare können Sie eine grobe Überschlagsrechnung der entstehenden Kosten aufstellen.

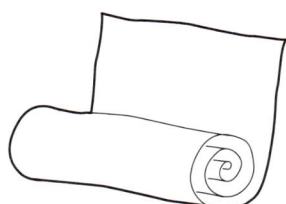

Zurück zu den Wurzeln: Wer eine gerollte Zeitung gestaltet, kehrt zu der ursprünglichen Form der Nachrichtenübermittlung zurück.

Das klassische Zeitungsformat ist DIN A3, für Zeitschriften wird meist die Größe DIN A4 verwendet. Eine reguläre Tageszeitung wird aus einem DIN-A2-Blatt auf DIN A3 gefaltet. Wenn Sie sich hierfür entscheiden, müssen Sie Folgendes beachten: Um die Übersicht zu behalten, legt man vorher fest, an welche Stelle des Blattes welcher Beitrag kommt. Die gefalteten DIN-A3-Blätter werden nicht geklebt oder gebunden, sie werden nur lose ineinander gelegt. Dabei sollten Sie berücksichtigen, dass nur eine begrenzte Anzahl von Blättern zusammengefaltet werden kann. Auch wenn diese Zeitung (außer von Fachleuten) nicht am Computer gestaltet und auch nicht ausgedruckt werden kann, ist sie durch das große Format der Seiten etwas ganz Besonderes und dem Anlass einer Hochzeit durchaus Entsprechendes.

Nicht ganz so kompliziert und auch in der Verarbeitung einfacher zu handhaben ist das DIN-A4-Format der Zeitungen. Hierfür verwenden Sie als Ausgangsgröße DIN-A3-Bogen, die nur einmal in der Mitte zu dem DIN-A4-Format zusammengefaltet werden. Da die einzelnen Blätter später aufgeklappt übereinander gelegt werden, ist es notwendig, sich vorher einen Seitenplan anzufertigen.

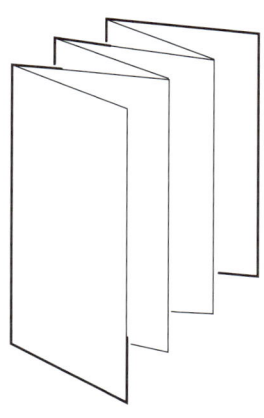

Das Leporello: Wenn sie nicht gar zu umfangreich ist, sieht eine Zeitung in Ziehharmonikafaltung interessant aus.

Wer sich nicht unbedingt auf so große Formate festlegen möchte und die Hochzeitszeitung lieber am Computer gestaltet, kann als Blattgröße auch DIN-A4- oder DIN-A5-Formate wählen und diese dann heften oder mit einer Klebebindung versehen. Den Illustriertencharakter können Sie in diesem Fall wieder herstellen, indem Sie die Seiten in einen Zeitungshalter klemmen.

Weitere Formate und Gestaltungsideen

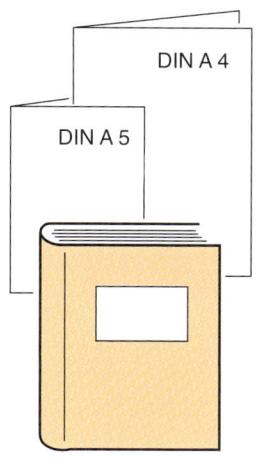

Wer hat gesagt, dass eine Hochzeitszeitung aus einzelnen übereinander gelegten Blättern bestehen muss? Sie können beispielsweise auch einen schmalen, langen Bogen Papier beschreiben, rollen und mit Siegellack verschließen. Damit schließen Sie an die traditionelle Art der schriftlichen Nachrichtenübermittlung an, die üblich war, bis die Drucktechnik aufkam. Oder Sie falten Ihren gestalteten Bogen wie eine Ziehharmonika zu einem Leporello zusammen.

Wenn Sie ganz vom herkömmlichen viereckigen Blattformat weggehen möchten, schneiden Sie die Seiten zum Beispiel in Herzform zu. Denken Sie dann aber bitte daran, eine gerade Kante stehen zu lassen, an der die Blätter zusammengefasst werden können.

Wer hat denn gesagt, dass eine Hochzeitszeitung nur in Papierform erscheinen muss? Wenn Sie die entsprechende Programmierung (html) beherrschen und sich, was heute kein Problem mehr ist, eine web-site besorgen, können Sie die Hochzeitszeitung auch ins Internet stellen. Vermerken Sie dies auf jeden Fall in der konventionellen Papierform der Zeitung.

Das Papier

In gut sortierten Schreibwarenläden erhalten Sie alle erdenklichen Sorten und Qualitäten von Schreibpapier. Bevor Sie sich für eine bestimmte Sorte entscheiden, sollten Sie ausprobieren, ob sie für die von Ihnen gewählte Art der Vervielfältigung geeignet ist.

Wenn Sie die Seiten kopieren möchten, benötigen Sie nach Möglichkeit weißes Papier, weil darauf Schrift, Fotos und Zeichnungen am besten wiedergegeben werden.

Bei der Verwendung eines Tintenstrahldruckers sollte man darauf achten, holzfreies Papier zu verwenden. Es besteht sonst die Gefahr, dass das Papier zu viel Tinte aufsaugt und das Schriftbild dadurch »ausfranst«, also verläuft. Laserdrucker benötigen anderes Papier, und wenn Sie einen Farblaserdrucker verwenden möchten, gibt es wiederum ein besonderes Spezialpapier, das die Farben zum Leuchten bringt. Lassen Sie sich daher vor dem Druck fachgerecht beraten.

Sie können die Hochzeitszeitung auch in Kopierläden farbig kopieren oder ausdrucken lassen. Die meisten Kopierläden bieten heute diesen Service. Erkundigen Sie sich jedoch zuerst nach dem Preis.

Das Layout

Um ein möglichst einheitliches Erscheinungsbild der Hochzeitszeitung zu erhalten, sollten Sie sich – nachdem Umfang und Format feststehen – Gedanken über ein passendes Layout machen. Dazu gehört das Festlegen von Bild- und Schriftelementen, die durchgehend beibehalten werden.

Legen Sie das Format für Ihre Zeitung fest und beginnen Sie, die Seiten zu gestalten, also ein Layout zu entwerfen. Entwickeln Sie zuerst eine Musterseite. Auf dieser Seite bestimmen Sie die Anzahl der Spalten und Zeilen, die auf ein Blatt passen. Zeitungen im DIN-A4-Format können in drei bis maximal vier Spalten aufgeteilt werden, für kleinformatigere Zeitungen bietet sich der Zweispaltensatz und eventuell sogar auch der Einspaltensatz an. Spalten erhöhen die Lesbarkeit des Textes und lassen mehr Gestaltungsmöglichkeiten beim Einsatz von Fotos und Zeichnungen zu.

Als Nächstes legen Sie die Schriftarten und Schriftgrößen fest. Neben der Hauptüberschrift und dem Fließtext gibt es meist noch zwei bis drei weitere Überschriftengrößen sowie Bildunterschriften und Texte in Kästen oder Aufzählungen. Alle diese Elemente können unterschiedliche Schriftarten aufweisen, nur sollte sich das einmal festgelegte Format durch die ganze Zeitung ziehen. Das Gleiche gilt auch für die Bilder. Bestimmen Sie verschiedene Größen von Zeichnungen und Fotos und halten Sie dieses Raster auf allen Seiten ein. Dadurch bewirken Sie, dass – egal wie unterschiedlich die einzelnen Beiträge auch sein mögen – die Zeitung ein einheitliches »Gesicht« erhält.

Tipp: Wenn Ihre Zeitung am Computer angefertigt werden soll und die meisten Beiträge per E-Mail, auf Diskette oder einem anderen Datenträger geliefert werden, können Sie sich die Arbeit erleichtern, indem Sie die Grunddaten an alle Mitarbeiter schicken. Das heißt, alle Beteiligten können sich die verschiedenen Texttypen direkt in der Originalschriftart, -größe und -form aufrufen und sind so in der Lage, ihre Beiträge druckfertig abzuliefern.

Weniger Vorarbeit und Mitdenken erfordert folgendes Vorgehen: Bitten Sie Ihre Mitarbeiter, ihre Texte in einer Einheitsschriftgröße, beispielsweise Times New Roman, 12 Punkt, abzuspeichern – ohne Fett- und Kursivschrift zu verwenden und ohne einen Seitenumbruch einzuarbeiten. Dadurch brauchen Sie nur noch die von Ihnen festgelegten Formatierungen einzurichten und müssen nicht erst die von den Mitarbeitern gewählten Formate löschen.

Natürlich werden nicht alle Hochzeitszeitungen am Computer erstellt. Höchst aufwändig, aber gerade dadurch sehr wertvoll ist die handgeschriebene Zeitung. Entweder Sie finden hierfür einen geduldigen Mitarbeiter, der sämtliche Texte noch einmal ordentlich abschreibt, oder jeder Beitrag wird von vornherein von jedem Beteiligten in schöner Handschrift abgeliefert. Zusammen mit den eingeklebten Originalfotos und -zeichnungen entsteht so ein Zeitungsunikat, von dem es in der Regel nur ein einziges Exemplar geben kann. Mit einem guten Fotokopierer lassen sich weitere Ausgaben für die Gäste anfertigen, das Original erhält selbstverständlich das Brautpaar.

Hilfreiche Werkzeuge
Vieles geht heute zwar am Computer, aber bei den meisten Hochzeitszeitungen wird man ohne Klebstoff, Lineal, Bleistift und ein scharfes Messer nicht auskommen.

Bildunterschrift

Die unter Bilder gesetzten Zeilen gehören zu den Texten, die nach den Überschriften zuerst vom Leser wahrgenommen werden. Anhand eines Bildes und einer Bildunterschrift entscheidet der Betrachter häufig, ob er den dazugehörigen Fließtext auch noch liest. Bildunterschriften sollten daher dem Leser nach Möglichkeit etwas Spannendes mitteilen.

Linksbündig

Die am häufigsten verwendete Satzart. Sie ist unkompliziert anzuwenden und lässt sich gut für verschiedenste Seitenlayouts nutzen. Noch ein Wort zur Schriftgröße: Bewährt für den Fließtext hat sich die Größe 12 Punkt. Das ist natürlich nur ein Richtwert; kleiner als 9 Punkt sollten Sie Ihre Schrift jedoch nicht wählen, weil sie sonst nicht mehr leicht zu lesen ist.

Rechtsbündig

Die gerade Schriftkante verläuft hierbei entlang dem rechten Seitenrand und ergibt ein für uns ungewohntes Schriftbild. Rechtsbündig werden daher in der Regel auch nur kürzere Texte gesetzt, und entlang dem rechten Rand verläuft meist auch ein Gestaltungselement mit einer senkrechten Kante wie zum Beispiel ein Balken, ein Bild oder auch ein anderer Text.

Mittelachsensatz

Noch auffälliger als rechtsbündig gesetzter Text ist zentriert eingerichtete Schrift. Diese Satzart findet daher auch nur Verwendung, wenn etwas besonders hervorgehoben werden soll. Das kann eine Überschrift sein, der Name einer Auszeichnung, ein Vers oder auch die Speisenfolge auf einer Menükarte.

Blocksatz Diese Satzart ergibt ein sauberes und klares Textbild mit geraden Kanten zu beiden Seiten der Spalten. Wenn Sie Text im Blocksatz setzen, müssen Sie darauf achten, dass Sie keine »Löcher« in der Mitte der Zeilen erhalten. Das heißt, wenn die Worte nicht sorgfältig genug getrennt wurden, bleiben unter Umständen größere Wortabstände in der Mitte der Zeilen stehen. Die meisten Textverarbeitungsprogramme lösen allerdings dieses Problem mit der Funktion »Automatische Silbentrennung«.

INITIAL

Welch interessante Gestaltungselemente einzelne Buchstaben sind, zeigt sich besonders gut an Initialen. Diese dekorativen Großbuchstaben stehen am Beginn von Textabschnitten oder leiten größere Absätze ein. Wenn Sie möchten, können Sie darauf achten, dass die von Ihnen verwendeten Initialen einen Bezug zum Brautpaar haben, also beispielsweise die Anfangsbuchstaben ihrer Vornamen sind.

Fotos und Zeichnungen

Neben den allgemein üblichen Aufnahmen von Braut und Bräutigam, deren Eltern, Freunden und Verwandten gibt es noch eine Vielzahl anderer Fotos, die in eine Hochzeitszeitung passen: Denken Sie zum Beispiel an Aufnahmen von Blumen, Ringen und Brautschuhen oder auch an Zylinder, Hochzeitskutschen, Sektgläser und Torten. Bei diesen Motiven sind Sie nicht auf vorhandenes Bildmaterial angewiesen. Sie können sie passend für die Hochzeitszeitung selbst fotografieren.

In einer Hochzeitszeitung dürfen Fotos nicht fehlen! Aufnahmen von den Brautleuten erhalten Sie von Eltern und Geschwistern, von Onkeln und Tanten oder auch von Freunden der beiden.

Sollten noch die Negative vorhanden sein oder es sich bei den Aufnahmen um Dias handeln, können Sie von den Fotos Abzüge in der von Ihnen benötigten Größe machen lassen. Selbstverständlich ist es möglich, wenngleich auch teurer, ein Bild von einem Bild machen zu lassen. Nutzen Sie auch das Internet. Dort finden Sie durchaus Fotos zum Thema, die Sie herunterladen und in die Zeitung einbauen können.

Schauen Sie sich die Aufnahmen dann daraufhin an, ob es interessante Ausschnitte gibt. Nicht immer müssen Sie das ganze Foto abbilden.

Ein Tipp für ein Foto, das zu klein für den Einsatz in der Hochzeitszeitung ist und das Sie nicht ohne Probleme vergrößern können: Zeichnen Sie einen größeren Rahmen um das Bild und es wird sich optisch in das vorgesehene Layout einfügen.

Noch ein kleiner Geheimtipp für Schwarzweiß-Aufnahmen: Legen Sie einen farbigen Rahmen um das Foto und die Seite wird den Charakter einer Farbseite behalten. Etwas anderes ist es, wenn Sie den Schwarzweiß-Effekt des Fotos bewusst nutzen wollen. Dann sollte auch der Rahmen in Schwarz gehalten sein.

Neben dem passenden Motiv und der Größe der Aufnahmen gibt es noch einen weiteren Punkt, den Sie bei der Auswahl beachten müssen: den Kontrast. Meist werden von der Originalzeitung Kopien für die Gäste angefertigt, die aus Kostengründen schwarzweiß gehalten sind. Damit man die Motive auf den Fotos gut erkennen kann, müssen sie klare Kontraste aufweisen. Achten Sie deshalb vor allem bei Farbaufnahmen auf unterschiedliche Helligkeitswerte und klare Konturen.

Wer sich für die Gestaltung der Hochzeitszeitung am Computer entscheidet, hat die Möglichkeit, Farbfotos kostengünstig nicht nur in der Originalzeitung, sondern auch in sämtlichen Folgeexemplaren abbilden zu können. Wenn eines der Redaktionsmitglieder mit einem Scanner und ein weiteres Mitglied mit einem Farbdrucker ausgerüstet ist, lassen sich farbig bebilderte Zeitungen in der gewünschten Anzahl problemlos herstellen. Die digitalisierten Bilder können überdies noch am Bildschirm bearbeitet werden. Das bedeutet, sie passen nicht nur nach Form und Größe, auch überraschende Zusammenstellungen aus verschiedenen Aufnahmen sind möglich.

Wie kommen Sie zu geeigneten Zeichnungen für Ihre Hochzeitszeitung?

Keine Frage, es ist am besten, wenn Sie jemanden in Ihrer Redaktionsmannschaft haben, der zeichnen kann – und zwar nicht nur Landschaften und Blumen, sondern alle möglichen Motive wie Menschen, Computer, Autos und eventuell auch Störche. Dann haben Sie kein Problem mit der Illustrierung Ihrer Zeitung. Sie können mit Ihrem Zeichner jedes Motiv besprechen und Wünsche zu Größe und Farbigkeit äußern. Es ist auch möglich, entsprechende Zeichnungen aus dem Internet herunterzuladen und einzubauen. Diese können, ganz nach Wunsch und Können farbig angelegt werden. Klare Schwarzweißzeichnungen eignen sich hier ebenfalls am besten, wenn Sie Ihre Zeitung fotokopieren möchten.

Aber selbst wenn Sie kein Zeichengenie auftreiben konnten, ist es möglich, die Zeitung mit schönen Bildern zu schmücken. Weniger begabte Zeichner pausen schon einmal Teile anderer Illustrationen durch oder sie arbeiten mit Fotokopien von Schwarzweiß-Zeichnungen, die sie mit Deckweiß und schwarzen Tuschestiften verändern.

Auch hier bietet der Computer Vorteile: Die meisten Programme stellen Bildmaterial zur Verfügung, fertige Vorlagen und Embleme für viele Anlässe. Diese Computerzeichnungen lassen sich oft auch den eigenen Bedürfnissen entsprechend verändern und sie sind in der Regel problemlos ausdruckbar. Allerdings ist es in jedem Fall ratsam, vorab einen Probeausdruck der Illustration zu machen.

Eine weitere Möglichkeit:
Lassen Sie Kinder die Motive zeichnen. Sie werden überrascht sein, wie originell und ausdrucksstark Ihre Ideen umgesetzt werden.

Oder:
Was halten Sie von Linoldruck? Eine zugegebenermaßen aufwändige Möglichkeit der Illustration, dafür sind die einzelnen Motive wieder verwendbar. Für die typischen Hochzeitsembleme wie Rosen, Herzen und Ringe also eine durchaus überlegenswerte Version.

Die Bindung

Die Beiträge sind geschrieben, korrigiert und ins Layout eingepasst, die Zeichnungen und Fotos eingearbeitet und alle Seiten überprüft. Diese können nun ausgedruckt oder fotokopiert werden. Spätestens jetzt müssen Sie sich Gedanken über die passende Bindung machen. Neben dem herkömmlichen Lochen und Abheften in einem Schnellhefter gibt es eine Vielzahl weiterer Möglichkeiten, die Seiten einer Hochzeitszeitung miteinander zu verbinden:

Heften
Die einfachste Möglichkeit, die sich auch nur für schmale Zeitungen eignet: Klammern Sie hierfür mit einem Bürohefter die einzelnen Seiten entlang der linken Längskante zusammen. Der Zeitungsrücken wird anschließend mit farbigem Textilband abgeklebt.

Tipp: In Kopierläden gibt es Spezialhefter, die das Zusammenfassen auch von umfangreicheren Werken erlauben. In dem Fall lohnt es sich, für die Vorder- und Rückseite der Zeitung einen etwas stärkeren Zeichenkarton zu wählen. Außer Schutz erhält das Blatt dadurch zusätzliche Festigkeit und ist dann auch kein »Blatt« mehr, sondern eher ein »Magazin«.

Spiralbindung
Sehr dekorative und professionell aussehende Variation, die Seiten der Festtagszeitung einzufassen. Ihr Vorteil: Die Seiten lassen sich ganz aufklappen und betrachten – die Zeitung verliert auch nach mehrmaligem Gebrauch nichts von ihrer Festigkeit. Ihr (eventueller) Nachteil: Sie müssen einen Fotokopierladen finden, der die Spiralbindung anbietet. Ohne Spezialwerkzeug können Sie die Spiralleiste nicht anbringen.

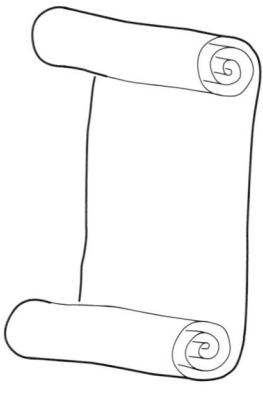

Rollen
Wer die Geschichte der beiden Brautleute buchstäblich »aufrollen« möchte, für den ist diese Variante die richtige Lösung. Bedingung: Die Zeitungsrolle darf nur beschrieben, bedruckt oder bemalt, nicht jedoch beklebt werden, denn das könnte das Aufrollen verhindern. Wählen Sie statt einzelner Seiten am besten eine Tapetenrolle, die Sie sich zurechtschneiden, als Grundlage. Unterteilen Sie die Rolle in einzelne Abschnitte, welche die Mitarbeiter füllen können.

Heftstreifen
Nur für schmale Zeitungen zu empfehlen sind die in Schreibwarenläden erhältlichen Heftstreifen. Neben den allgemein bekannten Streifen gibt es im Fachhandel stabilere Heftverbindungen, die auch optisch schön gestaltet sind.

Klebebindung

Die Variante für umfangreichere Zeitungen: Ab einer Zeitungsstärke von etwa 15 Seiten bietet sich die Klebebindung an. Hierbei werden die Seiten entlang dem Buchrücken miteinander verleimt und anschließend mit Textilband abgeklebt. Die meisten Kopierläden haben diese Art der Bindung in ihrem Serviceangebot.

Klemmleiste

Eine sehr saubere Lösung, bei der ohne zu heften und zu klammern eine hohe Festigkeit erzielt wird. Klemmleisten erlauben bis zum Schluss, einzelne Blätter auszutauschen, und sie geben der Zeitung durch den steifen Rücken, den sie dadurch erhält, eine gewisse Festigkeit. Allerdings: Die maximale Seitenzahl liegt bei 15 bis 20 Blättern.

Klemmordner

Eine dem Schnellhefter ähnliche Methode: Statt die Seiten zu heften, werden sie hier in eine Klemmschiene geschoben. Ein Umschlag aus Zeichenkarton verleiht dem Werk das Aussehen eines Buches mit festem Einband.

Zeichenmappe

Wer sagt eigentlich, dass die Seiten zusammengeheftet werden müssen? Legen Sie die Blätter lose in eine schöne Zeichenmappe, die Sie in Läden für Künstlerbedarf erhalten, und verschenken Sie sie als eine Art Lose-Blatt-Sammlung.

Vorsicht: Hierbei kann es Ihnen passieren, dass sich die Empfänger regelmäßig Erweiterungsblätter bestellen.

Kordelzug

Lochen Sie die Zeitung mehrfach entlang der linken Kante und ziehen Sie eine Kordel durch die Löcher. Die Kordel wird anschließend relativ straff angezogen und verknotet.

Schnellhefter

Die Seiten in einem Schnellhefter unterzubringen gehört wahrscheinlich zu den am häufigsten gewählten Lösungen für Hochzeitszeitungen. Im Schreibwarenhandel erhältlich sind Schnellhefter mit verschiedenen Deckblättern, sodass Sie einen für Ihre Festtagszeitung passenden Einband heraussuchen können.

Die Gestaltung

Titelseiten

Wie schon im Kapitel Herstellung beschrieben, gibt es die unterschiedlichsten Möglichkeiten, eine Hochzeitszeitung zu gestalten. Wenn Sie sich für eine der beiden klassischen Formen, Tageszeitung oder Illustrierte, entscheiden, ergeben sich folgende Vorgehensweisen:

Die Hochzeitszeitung in Form einer Tageszeitung hat meist ein schwarzweißes Titelblatt. Für die Headline sollten Sie sich an einem bekannten Schriftzug orientieren, also als Vorbild eine überregionale oder örtliche Tageszeitung verwenden. Der Titelschriftzug der Tageszeitung lässt sich gut an einem Computer gestalten. Sollten Sie nicht über den entsprechenden Schrifttyp verfügen, können Sie ihn auch einscannen oder handschriftlich nachahmen.

Strukturiert ist die Titelseite in der Regel im Vier- bis Sechsspaltensatz. Ein Foto oder eine Karikatur bilden häufig den Blickfang. Auf dem Titelblatt werden üblicherweise wichtige Nachrichten abgedruckt und auch Hinweise auf den Inhalt der »Tageshochzeitszeitung« sind hier zu finden.

Anders ist das bei einer Hochzeitszeitung in Form einer Illustrierten. Hier wird das Deckblatt in der Regel farbig gestaltet, ein Foto oder eine Zeichnung formatfüllend eingesetzt und Hinweise auf den Inhalt werden ausschließlich in Form von Überschriften abgebildet.

Sollten Sie sich für diese Art von Hochzeitszeitung entscheiden, empfiehlt es sich, das Originaltitelblatt einer Zeitschrift zu verfremden. Bearbeiten Sie den Titel nach Art einer Collage, das heißt, schneiden Sie einzelne Elemente heraus oder überkleben Sie sie mit zum Thema passenden Beiträgen. Retuschieren Sie Bilder mit wasserfestem Filz- oder Korrekturstift.

Auf den Titelseiten der Zeitschriften sind oft Fotos von Paaren abgebildet. Suchen Sie sich Fotos des Brautpaares in der passenden Größe heraus und stellen Sie daraus eine Fotomontage zusammen. Sie können auch mehrere Zeitschriftendeckblätter zu einer Collage zusammenkleben, Ihrer Phantasie sind hierbei keine Grenzen gesetzt.

Am einfachsten gelingt Ihnen die Titelgestaltung, wenn Sie als Vorlage die aktuelle Ausgabe einer Tageszeitung oder einer Illustrierten verwenden und diese Ihren Vorstellungen entsprechend umgestalten.

Das fertige Titelblatt wird anschließend zum Schutz mit einer transparenten Selbstklebefolie überklebt.

Wenn von dem Titel für die Gäste Kopien gezogen werden sollen, achten Sie bei der Zusammenstellung der Elemente auf möglichst starke Hell-Dunkel-Kontraste. Insbesondere Schwarzweißkopien kommen so besser zur Geltung.

Editorial

Wenn Sie nicht »mit der Tür ins Haus fallen«, also direkt nach dem Inhaltsverzeichnis in die Hochzeitszeitung einsteigen wollen, sollten Sie ein Vorwort oder Editorial schreiben. Hier können Sie beispielsweise auf den auslösenden Faktor eingehen, der die Herstellung Ihrer Hochzeitszeitung ins Rollen gebracht hat. Richten Sie an dieser Stelle auch persönliche Glückwünsche an das Brautpaar oder erzählen Sie, wie viel Spaß es gemacht hat, diese Zeitung im Team herzustellen. Verfassen Sie – wenn Sie möchten – eine Art Gebrauchsanweisung für Ihre Hochzeitszeitung, oder bedanken Sie sich bei allen Mitarbeitern, die in irgendeiner Weise einen Beitrag zum Entstehen des Werkes geleistet haben.
Wichtig: Ein Editorial endet immer mit der Unterschrift des Verfassers.

Hochzeits  Zeitung

Samstag, 11. Mai · Norddeutsche Zeitung · 1. Sonderausgabe

Schöner leben: Ein Interview mit der Hamburger Lebenskünstlerin S. Hartmann

Seite 2

Schöner reisen: Abenteuer-Tripp in Kuba. Henning, ein Freund seit dem Kindergarten, erzählt.

Seite 3

Schöner lieben: Ein Traumurlaub mit Folgen. Susanne und Lothar allein unter Palmen.

Seite 4

Prominenten-Hochzeit in Kiel

dpa Kiel – Wie aus gut informierten Kreisen bekannt wurde, fanden sich heute Frau Dipl.-Ing. Susanne H. und Herr Dipl.-Kfm. Lothar G. zusammen, um sich unter Zeugen im engsten Vertrautenkreis von 100 Gästen (nur die besten Freunde) das »Jawort« zu geben. Somit wurde endlich ihr langjähriges dubioses Verhältnis legalisiert. Wie wir erfahren konnten, geschah dies gerade in letzter Minute, Herr Otto S. (Erbonkel) wollte schon seine Konsequenzen ziehen!

Ständige Beobachter der Szene fanden heraus, dass es sich um eine ökologisch-dynamische Hochzeit handelt, da die Brautleute verschiedenen Konzessionen angehören. Zwar wurden Gerüchte dementiert, dass der Bräutigam »Ökoschläpple« bei der Trauung trug. Es konnte trotz stärkster Bemühungen unserer V-Leute nicht in Erfahrung gebracht werden, ob der Termin der Eheschließung mit einem süßen Geheimnis zusammenhängt. Auch wird die Frage gestellt, ob der überfüllte Terminkalender des Bräutigams überhaupt ein derartiges Ereignis zulässt. Die Redaktion will sich hierüber nicht in Spekulationen verlieren, es sei noch darauf hingewiesen, dass das Paar die Hochzeitsnacht auswärts verbringt. Hier wurde zuverlässig ermittelt: Es handelt sich um das xxx-*Hotel in xxx* berg.

* Leider wurde unser Beitrag Opfer der Pressezensur.

Zwei die gut lachen haben! Seit heute haben Lothar und Susanne die Konzession zum Glücklichsein als amtlich zugelassenes Ehepaar.

MENSCHLICH GESEHEN

Der Vermittler

»Ich stand vor dem Typen, blickte ihm scharf in die Augen und fragte mich, ob der wohl auch Dosen öffnen kann«, so Frieda, die Lebensgenossin von Susanne, über ihre erste Begegnung mit Lothar. Eine exstentielle Frage, da Susanne nur noch Augen für den menschlichen Zweibeiner hatte. Ebenso wie bei der zweibeinigen fand Lothar den Weg ins Herz der vierbeinigen Schmusekatze.

Spätsommermärchen

Am Bodensee auf der Insel Mainau wurden die Geheimen Pläne geschmiedet

dpa Hamburg – »Ich liebe Dich, mich reizt Deine schöne Gestalt« munkelte es auf der beliebten Bodenseeinsel hin und »Ich bin von Kopf bis Fuß auf Liebe eingestellt« her und deshalb entschieden die beiden Undercover-Liebenden Susanne und Lothar: »Das ist unsere gemeinsame Welt, und sonst gar nichts!« So begann ein Spät-Sommernachtstraum, bei der Hochzeit von Freunden, der heute märchenhaft unter dem Maibaum in ewigem Glück zu zweit mündete. Mehr über dieses inselhafte Munkeln in Aus aller Welt auf Seite 10

Doppelherz im Doppelpack: Ursula und Peter haben den Herzen-Rhythmus vorgemacht.

Das große Geheimnis

Vor fünf Jahren hielt Lothar um Susannes Hand an: Seitdem wird in den Elbvororten gerätselt: Wo haben sie sich eigentlich kennen gelernt? Gerüchten zufolge hatte Lothar mal eine Kontaktanzeige aufgegeben. Hat Susanne darauf geantwortet? Manche behaupten, sie hätten sich in einer Behörde getroffen. Die ganze Wahrheit auf Seite 5.

Inhaltsverzeichnis

Nehmen Sie sich mehrere Inhaltsverzeichnisse von Sach- oder Ratgeberbüchern oder Zeitschriften vor. Beim Durchsehen der verschiedenen Inhaltsangaben erhalten Sie Anregungen, wie Sie diese Seite Ihrer Hochzeitszeitung gestalten können.

Möglicherweise reichen Ihnen die Überschriften und die dazugehörigen Seitenzahlen. Eventuell wollen Sie auch Untertitel aufnehmen oder Sie fassen zusätzlich jeweils kurz zusammen, was den Leser in dem betreffenden Kapitel erwartet.

Wenn Sie die Zeitung am Computer erstellen, haben Sie die Möglichkeit, sich die Arbeit wesentlich zu erleichtern: Viele Textverarbeitungsprogramme haben eine Funktion (Indexfunktion), die automatisch ein Inhaltsverzeichnis erstellt, wenn alle Kapitel in einer Datei abgespeichert wurden. Per Tastenkombination erscheinen dann die Überschriften, nach Seiten geordnet, auf Wunsch in mehreren verschiedenen Darstellungsformen.

Tipp
Beim Blättern in den Inhaltsverzeichnissen von Zeitschriften werden Sie auch neue Ideen über weitere eigene Beiträge bekommen. Bevor Sie Ihr eigenes Inhaltsverzeichnis erstellen, sollten Sie die Titel sämtlicher Beiträge festgelegt haben.

Das Inhaltsverzeichnis dient zum einen der Information und dem schnellen Auffinden von Artikeln und zum anderen ist es der »Einstieg« in das gesamte Werk. So gesehen kommt ihm eine Sonderstellung zu und deshalb sollte es auch optisch schön gestaltet sein. Lockern Sie es mit Fotos und Zeichnungen auf, die möglichst Zutreffendes über das Thema aussagen.

Sie brauchen hierfür keine neuen Bilder anzufertigen, sondern können Fotos und Zeichnungen aus dem Innenteil verwenden, indem Sie sie – eventuell in einem anderen Format – erneut abbilden.

Inhalt

Impressum

Wenn Sie für das Blatt Sponsoren gewinnen konnten, sollten Sie sie im Impressum erwähnen, ebenso wie die Druckerei oder die Kopieranstalt, in der es vervielfältigt und gebunden wurde.

Die Impressen aus Zeitungen und Illustrierten bieten Ihnen Anregungen zur Gestaltung des eigenen Impressums. Von der einfachsten Variation, alle Mitarbeiter aufzuführen, die an der Hochzeitszeitung mitgewirkt haben, bis hin zu einer aufwändigen Spaß- und Leseseite mit einzelnen Text- und Fotobeiträgen zu den einzelnen Mitwirkenden, gibt es viele Lösungen. Achten Sie darauf, dass Sie alle erwähnen, die an der Zeitung mitgewirkt haben. Das können die aktiven wie die passiven Helfer sein. Aktiv beteiligt sind alle, die geschrieben, fotografiert oder gezeichnet haben. Mit passiven Mitarbeitern sind diejenigen gemeint, die telefoniert, Kaffee gekocht oder auf Babys aufgepasst haben, damit die Zeitung entstehen konnte. Nicht vergessen werden sollte ein Redaktionsmaskottchen wie Hund, Katze, Fisch oder Vogel.

Impressum

Herausgeber/Verlag: Susi & Ulf GmbH
Verleger: Wer die Zeitung verlegt, muss eine neue anfertigen.
Ort der Herausgabe: Nur gegen Geldübergabe.
Redaktion: Wir haben niemanden gezwungen, nur genötigt und erpresst: Susanne, Brigitte, Julius, Jochen, Daniela, Andrea, Christian, Manuela.
Chefredakteur: Verantwortlich bei Reklamationen: Niemand, ansonsten: Keiner.
Druck: ... ist Kraft mal Fläche. Er wird nur beim Lesen ausgeübt.
Verantwortung: ... übernehmen wir nicht.
Anzeigen: ... wird uns hoffentlich keiner.
Erscheinungsweise: Dieses Blatt erscheint mit Rücksicht auf seinen besonderen Inhalt so unregelmäßig, dass mit dem Erscheinen der nächsten Ausgabe erst 25 Jahre später, also zur Silberhochzeit, zu rechnen ist.
Übersetzungen:
Bayerisch/Hochdeutsch: Markus
Schwäbisch/Hochdeutsch: Gerhard
Ostfriesisch/Hochdeutsch: Luise
Sächsisch/Hochdeutsch: Onkel Gerd

Copyright

Der Nachdruck von Texten und Bildern ist auch auszugsweise verboten und sollte dem Brautpaar und der Redaktion nicht mitgeteilt werden.

Auflage

Diese Zeitung ist nicht als Auflage zu benutzen. Wickeln Sie bitte auch kein von der Feier übrig gebliebenes Essen darin ein.

Wer Nachrichten verfälscht, nachmacht und/oder sich verfälschte, nachgemachte Nachrichten verschafft und/oder in Umlauf bringt, ist ein Redakteur.
Die Redaktion behält sich vor, Tatsachen, Äußerungen und Fakten so zu entstellen und zu verkürzen, dass alles verdreht ist. Ähnlichkeiten mit verstorbenen und lebenden Personen sind gewollt und beabsichtigt.

Das Werk ist einschließlich aller seiner Teile urheberrechtlich geschützt. Jede Verwertung ohne grünen Punkt außerhalb der Grenzen des Urheberrechts ist ohne Zustimmung des Verlages unzulässig und strafbar. Dies gilt insbesondere für Vervielfältigungen, Übersetzungen und Verfilmungen.

Umwelthinweis

Alle bedruckten Materialien dieser Zeitung sind umweltbelastend. Deshalb das Blatt bitte nicht wegwerfen, nicht verbrennen, nicht recyceln, sondern ausschließlich verschenken.

Danksagungen

Wir danken für:
diverse (un)qualifizierte Bemerkungen und Beiträge: Oma, Opa, Tante E., Onkel O., Charlotte P.
Ruhestörung: Hund, Katze, Bohrhammer
Nacktfotos: ... des Bräutigams und der Braut im Babyalter erhielten wir von den Schwiegermüttern.
Sponsoren: Papier von Helmut, Kopien vom Chef, Computer von Otto
Catering: war hervorragend, danke, liebe Tina!

Das Brautpaar

Ein Bericht über das Brautpaar gehört zu den »Muss-Beiträgen« jeder Hochzeitszeitung. Die Geschichte ihres Kennenlernens ist sozusagen die »Titel-
story« des Blattes. Je nach Lust und Begabung können Sie sie als rührendes
Kapitel eines Liebesromans aufziehen oder als Fotostory abbilden. In diesem
Zusammenhang sollten auch die Lebensläufe der beiden vorgestellt werden.

Zuerst getrennt: Geburt, Einschulung, Schulabschluss, Studium oder Be-
rufsausbildung usw. – und ab dem Zeitpunkt des Kennenlernens zusammen-
gefügt. Dies kann auch als Interview erscheinen. Geeignete Interviewpartner
sind die Eltern oder Großeltern, aber auch gute Freunde oder – erdacht natürlich – die Brautleute selbst, die jeweils über den anderen Auskunft geben.

Eine weitere Variante für die Form der Geschichte ist die Bewerbung. Zusammen mit einem »handschriftlichen« Lebenslauf lassen Sie jeden der

Das Kind Susanne

Es kam am 13.5.1972
zur Welt!
Es wog 3000 g und war
45 cm groß.
Und es bekam einen
Namen: »Susanne«.
Das Kind Susanne
konnte schon mit 1 Jahr
sprechen, ab 2 Jahren
hat man es dann auch
verstanden, es wurde bereits stubenrein mit 2 $\frac{1}{2}$ Jahren und lutschte dafür überhaupt nicht am Daumen.

Schulzeit
Lernen fiel ihr schwer, am liebsten besuchte sie die
Unterrichtsfächer Sport und Religion. Sie war unmusi-
kalisch, es reicht gerade zum Kammblasen. Ihre Lieb-
lingsspiele waren Seilhüpfen und Opa ärgern.

Berufsausbildung
Erst wollte sie Matrosin werden, dann Papa heiraten
und dann auswandern. Jetzt hat sie doch etwas Richti-
ges gelernt und ist zur Bank gegangen, Geld verwalten,
vor allem das von Tobias. Mit ihm zusammen hat sie
jetzt ein süßes Bankgeheimnis. Gut, dass sie nicht nur
den Lottozahlen vertraut.

Das Kind Tobias

Es kam am 20.11.1970
zur Welt!
Es wog 3500 g und war
53 cm groß.
Und es bekam einen
Namen: »Tobias«.
Das Kind Tobias konnte
schon mit 1 $\frac{1}{2}$ Jahren
sprechen, lutschte mit
2 Jahren nicht mehr am
Daumen, dafür aber am dicken Zeh, und wurde stubenrein im Alter von 3 Jahren.

Wunderkind
Lernen fiel ihm leicht, er ging gerne zur Schule. Er spielte
Blockflöte und löste alle Kreuzworträtsel, die Papa nicht
schaffte.

Berufsausbildung
Erst wollte Tobias Feuerwehrmann werden, dann Hub-
schrauberpilot, dann König und schließlich Millionär.
Lotto spielt er noch heute, wartet auf die 6 Richtigen,
die eine Richtige hat er aber schon gefunden! Ansonsten
betäubt er Menschen, er ist Anästhesist. So hat er auch
seine Susanne kennen gelernt, als sie auf dem OP-Tisch
vor ihm lag und sich nicht wehren konnte

beiden zukünftigen Eheleute ihre Vorzüge und besondere Eignung zur Ehe darlegen. Damit bieten Sie zudem lebendiges Anschauungsmaterial für erfundene Geschichten in der Presse.

Übrigens: Die Lebensdaten des Brautpaares kann man mit Angaben aus dem Zeitgeschehen, entnommen aus einer Chronik, ergänzen. So wird das Geburtsjahr der Braut oder des Bräutigams oder auch das Jahr des Kennenlernens mit wichtigen geschichtlichen Ereignissen verknüpft, zum Beispiel mit der ersten Landung auf dem Mond, dem Fall der Berliner Mauer usw.

Egal, in welcher Darstellungsform Sie die Geschichte des Brautpaares erzählen, der Beitrag sollte in erster Linie den Leser unterhalten und ihm eventuell auch etwas Neues über die beiden berichten. Nicht so sehr kommt es auf Vollständigkeit oder auf die Auflistung Ihnen langweilig erscheinender Daten an. Wenn Sie wollen, können Sie die Lebensläufe auch anhand von Ereignissen wie dem ersten Zahn, die große Weihnachtsfeier in der Grundschule, der erste Urlaub mit dem eigenen Auto berichten.

Die Fotostory
Wenn es viel Bildmaterial über die Brautleute gibt, können Sie die Lebensläufe auch als Fotostory darstellen. Das hat für Redaktionsmitglieder, die nicht gerne schreiben, den Vorteil, dass sie keinen Text, sondern nur kleine Bildunterschriften verfassen müssen.

Tobias

Nicht allen Kindern sieht man ihre spitzbübische Natur an der Nase an. Oder liegt das am Haarschnitt?

Früh übt sich …!

Endlich 18! Tobias als Erwachsener.

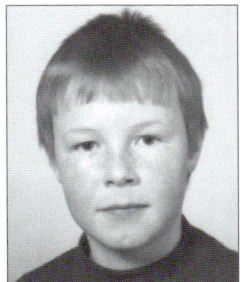

Susanne

Bereits im Kinderwagen zeigte sich ihr Talent zu großen Tönen! Ihre Gesangsübungen waren nicht immer eine Freude.

Susanne ist erwachsen!

Susanne übt das Flirten – wer könnte ihr wohl wiederstehen?

Wer ist wer?

Wer sitzt wo und neben wem?

Die Tischordnung ist eines der heikelsten Themen der Hochzeitsfeier.
Das Brautpaar sitzt auf jeden Fall in der Mitte, egal ob die Tafel in U-Form, rechteckig oder in T-Form angeordnet ist. Bei einer langen Tafel ist auch ein Sitzen am Kopf des Tisches möglich.
Die Braut nimmt rechts vom Bräutigam Platz. Neben der Braut sitzt der Bräutigamvater, neben dem Bräutigam die Brautmutter.

In der Regel kann man bei einer Hochzeit davon ausgehen, dass die Gesellschaft sozusagen in zwei Lager gespalten ist – wobei das natürlich keine feindselige Spaltung ist. Die ein Hälfte der Gäste gehört zur Braut und die andere zum Bräutigam. Nicht immer kennen sich die Angehörigen beider Gruppen untereinander, und oft findet sich am Hochzeitstag nicht die Zeit, die Gäste einander vorzustellen. Kein Wunder, wenn zu den am häufigsten gestellten Fragen dieses Tages »Wer ist das denn eigentlich?« gehört.

Hierauf kann durchaus auch die Hochzeitszeitung Antwort geben. Ein Beitrag kann sich beispielsweise ausschließlich mit den Verwandten und Freunden des Brautpaares beschäftigen. Jeder von ihnen – und auf alle Fälle sämtliche Gäste – könnte mit einem Foto und ein paar witzigen Worten vorgestellt werden. Die Fotos und die notwendigen Informationen erhalten Sie zum Teil von den Eltern des Brautpaares beziehungsweise direkt von den »Betroffenen« selbst. Hier können die Eltern mit nützlichen Adressen und Telefonnummern den Rechercheaufwand erheblich verringern.

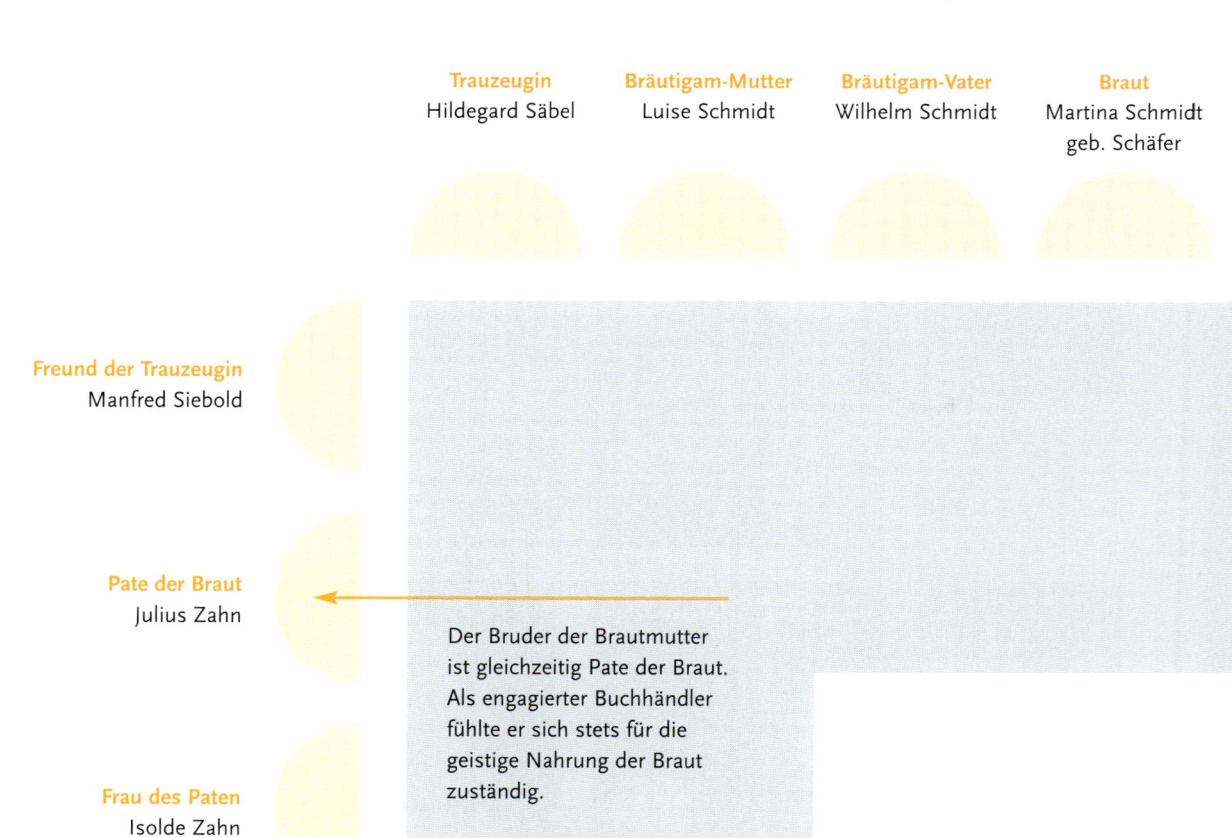

Trauzeugin
Hildegard Säbel

Bräutigam-Mutter
Luise Schmidt

Bräutigam-Vater
Wilhelm Schmidt

Braut
Martina Schmidt
geb. Schäfer

Freund der Trauzeugin
Manfred Siebold

Pate der Braut
Julius Zahn

Der Bruder der Brautmutter ist gleichzeitig Pate der Braut. Als engagierter Buchhändler fühlte er sich stets für die geistige Nahrung der Braut zuständig.

Frau des Paten
Isolde Zahn

Wer sich nicht so viel Arbeit machen und das Problem dennoch geschickt lösen möchte, bedient sich der Tischordnung während des Festessens, um den Gästen die gegenseitige »Identifizierung« zu erleichtern. Hierzu fertigen Sie eine Schemazeichnung der Hochzeitstafel an. An jeden Platz der Tafel setzen Sie den Namen des dort vorgesehenen Gastes. Sobald alle Gäste ihre Plätze eingenommen haben, kann sich jeder, der möchte, anhand der in der Zeitung abgebildeten Tischordnung die Namen der ihm noch nicht bekannten Anwesenden einprägen.

Natürlich können Sie auch diese recht karge Methode des gegenseitigen Vorstellens nach oben hin beliebig ausweiten, indem Sie neben dem Namen jeweils einen kleinen Satz zu dem Gast hinzufügen. Wenn der Platz ausreicht, können Sie zudem noch ein paar Fotos einklinken. Sie lockern die recht streng wirkende Seite erheblich auf.

Fotos der Gäste lockern die Abbildung der Tischordnung auf. Wenn die Aufnahmen dem gegenseitigen Kennenlernen dienen sollen, müssen sie möglichst aktuell sein.

Gerade solche kleinen Informationen erleichtern es den Anwesenden, miteinander ins Gespräch zu kommen. Denn neben der Ehrung der beiden Brautleute gehört es auch zur Aufgabe der Hochzeitsfeier, die beiden Familiengruppen einander näher zu bringen.

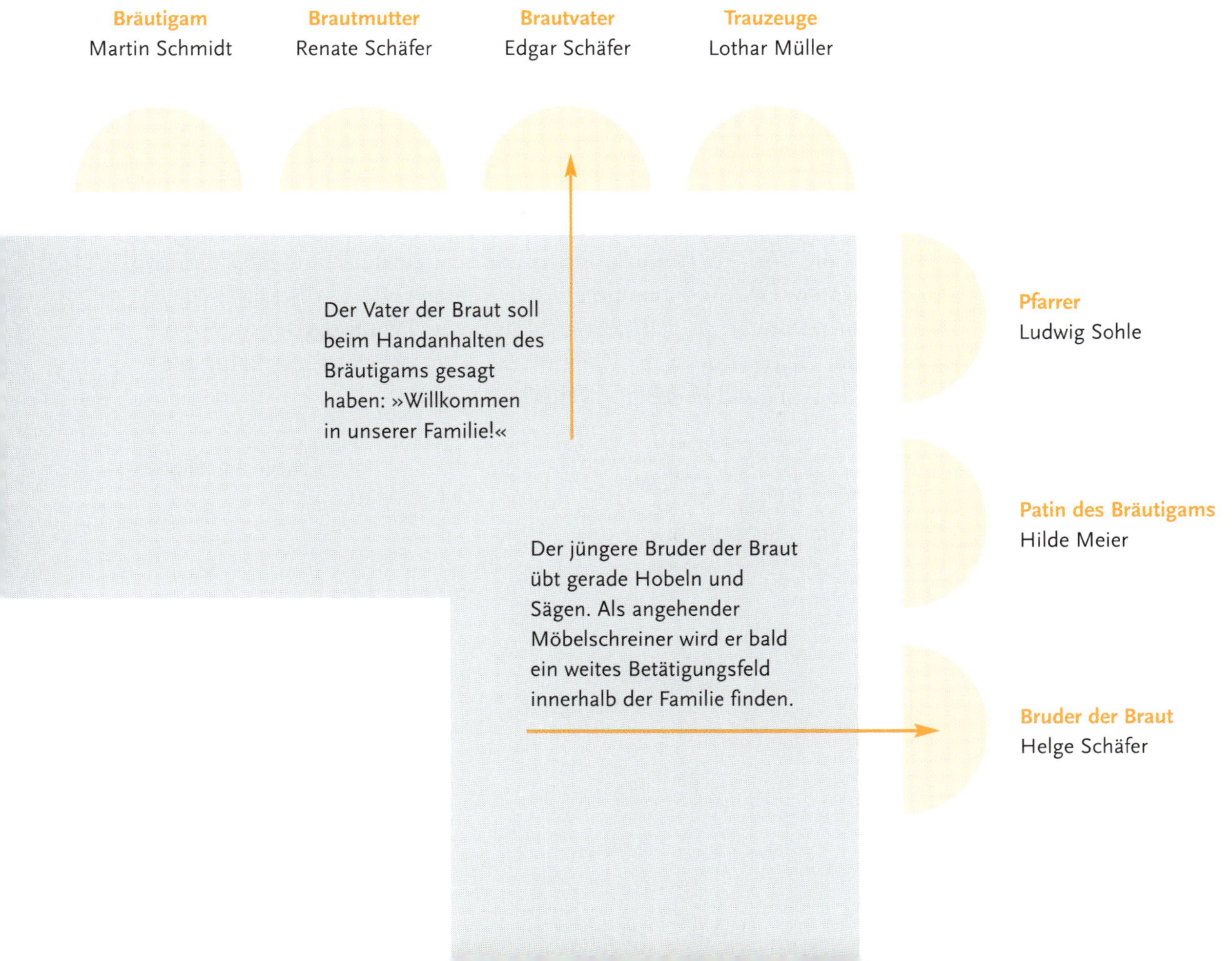

Bräutigam
Martin Schmidt

Brautmutter
Renate Schäfer

Brautvater
Edgar Schäfer

Trauzeuge
Lothar Müller

Der Vater der Braut soll beim Handanhalten des Bräutigams gesagt haben: »Willkommen in unserer Familie!«

Pfarrer
Ludwig Sohle

Patin des Bräutigams
Hilde Meier

Der jüngere Bruder der Braut übt gerade Hobeln und Sägen. Als angehender Möbelschreiner wird er bald ein weites Betätigungsfeld innerhalb der Familie finden.

Bruder der Braut
Helge Schäfer

Der Stammbaum

Die Zeichnung eines Stammbaums, professionell gestaltet oder von Kindern gemalt, ist ein sehr schönes Hochzeitsgeschenk. Sie können den Stammbaum in die Hochzeitszeitung einheften oder auch stilvoll gerahmt als zusätzliches Geschenk überreichen. Sollte zu dem Brautpaar eine große Familie gehören, empfiehlt es sich unter Umständen sogar, einen Ahnenforscher zu engagieren. Dieser kann nicht nur versuchen, Lücken in den Vorfahrenslisten zu schließen, sondern darüber hinaus auch das Familienwappen herleiten oder nach bestimmten Vorlagen zusammenstellen. Wenn Ihnen ein derartiges »wissenschaftliches« Vorgehen nicht behagt, können Sie auch selbst ein Wappen gestalten, welches zur Familie, dem Brautpaar und deren Hobbys oder Vorlieben passt.

Nehmen Sie sich in jedem Fall Zeit für die Recherche, suchen Sie Verwandte des Brautpaares auf und forschen Sie auch nach den Adressen alter Schulfreunde, Nachbarn, entfernter Cousinen – all das kann Sie auf weitere Spuren bringen. Schön ist es auch, wenn Sie Bilder der Angehörigen besorgen können. Andernfalls müssten Sie selbst versuchen, diese Fotos anzufertigen.

Reservieren Sie genügend Platz im Baum für »Neuzugänge«. Binden Sie auch gute alte Freunde mit ein, denn die gehören manchmal genauso zur Familie wie Blutsverwandte. Sorgen Sie für ausreichend Platz in den einzelnen Baumkästchen, zum Beispiel für Doktortitel, adelige »vons«, Doppelnamen oder auch Spitznamen.

Auf dieser Doppelseite zeigen wir Ihnen zwei Beispiele für Stammbäume. Sie können die Vorlagen herauskopieren, auf die gewünschte Größe bringen und beschriften. Der Stammbaum auf der rechten Seite ist die klassische Version, die sich auch als gedrucktes Bild überreichen lässt. Der untere Stammbaum dagegen passt ins Computerzeitalter. Wer möchte, kann ihn ohne großen Aufwand beliebig erweitern.

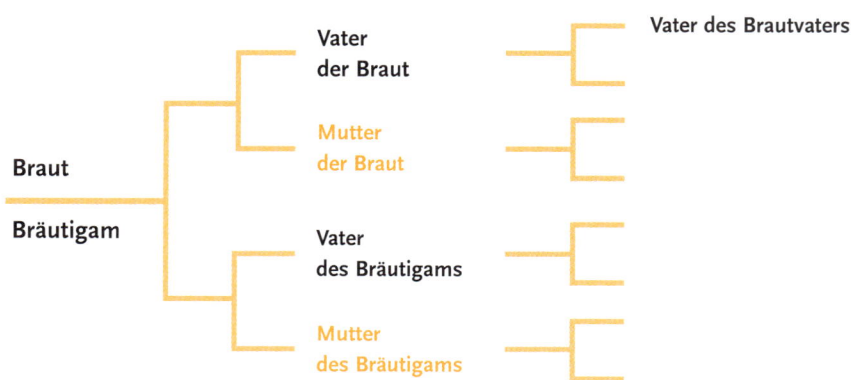

Die Hochzeitsfeier

Die Gästeliste

Anhand der Gästeliste plant das Brautpaar die Tischordnung. Oft liegt so eine Übersicht auch bei Hochzeiten aus und die Gäste tragen sich bei ihrer Ankunft darin ein.

Für eine Hochzeitszeitung ist eine Gästeliste von großer Bedeutung. Mit ihrer Hilfe ermitteln Sie mögliche Mitarbeiter. Bitten Sie um eine Liste, in der eingetragen ist, wer sich mit welchen Beiträgen an der Hochzeitsfeier beteiligen wird. Das erleichtert Ihnen die Arbeit.

Entwerfen Sie ein Poster, auf dem alle Gäste aufgeführt sind, vielleicht nicht nur mit Namen, sondern auch mit »Zugehörigkeitsvermerk«. Dies ist sinnvoll, wenn Sie ein Spiel damit verbinden möchten, und es hilft allen Gästen, sich untereinander zurechtzufinden.

Wenn Sie die Gästeliste als Gästebuch verwenden möchten, lassen Sie sie – mehr oder weniger heimlich – umlaufen, sodass sich jeder mit einer Widmung und einem Spruch beziehungsweise Glückwunsch darin verewigen kann. Anschließend können Sie sie mit einem schönen Einband versehen oder in die Hochzeitszeitung mit einbinden. Lassen Sie zudem in der Liste neben jedem Gast etwas Platz, damit das Brautpaar – wenn es möchte – auch das jeweilige Geschenk vermerken kann.

Tipp: Wenn die Gästeliste in die Hochzeitszeitung eingearbeitet und vervielfältigt wird, dient sie auch allen anderen Gästen als schöne Erinnerung an den Tag. In diesem Fall wird für die Widmungen und Glückwünsche ein weiteres Blatt ausgelegt, das dann nur für die Hochzeitszeitung des Brautpaares bestimmt ist.

Für den Programmablauf ist eine Gästeliste sehr vorteilhaft. Mit ihr kann man die Reihenfolge der Reden, Spiele oder anderen Beiträge zum Fest koordinieren und zum besseren Ablauf auch vermerken. Jeder der »aktiven« Gäste und natürlich der Zeremonienmeister bekommt eine Kopie und weiß dadurch genau, wer wann an der Reihe ist.

Ein besonderes Ereignis wie eine Hochzeit ist es wert, auch durch besondere Dinge gewürdigt zu werden. Ein Gästealbum unterstreicht die Einmaligkeit des Tages.

Glückwünsche

Die Gästeliste bietet allen bei der Hochzeit Anwesenden eine gute Gelegenheit, dem Brautpaar ein paar Worte mit auf den Weg zu geben. Das können gute Wünsche sein, Widmungen oder auch persönliche An- und Einsichten zu Ehe, Glück und Zufriedenheit.

Wenn dir's in Kopf und Herzen schwirrt,
was willst du Bess'res haben?
Wer nicht mehr liebt und nicht mehr irrt,
der lasse sich begraben!
Johann Wolfgang von Goethe

Der Stand der Ehe ist beglückt,
wenn eines sich ins and're schickt,
wenn eines dieses and're liebt
und jenes zärtlich wiedergibt.
Es sollte stets bei beiden sein,
als wollten sie noch einmal frei'n ...
Anonym

Gesegnet ist die Braut,
auf die die Sonne strahlt.
Robert Herrick

Ketten halten keine Ehe zusammen. Doch Hunderte von Fäden binden zwei Menschen im Laufe der Jahre aneinander. Sie sind es, die einer Ehe Dauer verleihen.
Simone Signoret

O wie lieblich, o wie schicklich,
sozusagen herzerquicklich,
ist es doch für eine Gegend,
wenn zwei Leute, die vermögend,
außerdem mit sich zufrieden,
aber von Geschlecht verschieden,
wenn nun diese, sag' ich, ihre
dazu nötigen Papiere
sowie auch die Haushaltssachen
endlich mal in Ordnung machen
und in Ehren und beizeiten
hin zum Standesamte schreiten,
wie es denen, welche lieben,
vom Gesetze vorgeschrieben;
dann ruft jeder freudiglich:
»Gott sein Dank! Sie haben sich!«
Wilhelm Busch

Wo liebend sich zwei Herzen einen,
um eins zu sein in Freud und Leid,
da muss des Himmels Sonne scheinen
und heiter lächeln jede Zeit.
Hoffmann von Fallersleben

O dass sie ewig grünen bliebe,
die schöne Zeit der jungen Liebe!
Friedrich von Schiller

Das ist die wahre Liebe,
die immer und immer sich gleich bleibt,
wenn man ihr alles gewährt,
wenn man ihr alles versagt.
Johann Wolfgang von Goethe

Gästeliste
Hochzeitsgesellschaft

In einem guten Wort ist
Wärme für drei Monate.
**Lebensweisheit aus der
Mongolei**

Die Familie ist das
Vaterland des Herzens.
Guiseppe Mazzini

Ein Leben ohne Feste
ist eine weite Reise ohne
Gasthaus.
Demokrit

Ein froher Gast
ist niemals Last.
Sprichwort

Festprogramm

Dass Hochzeitszeitungen nicht ausschließlich Erinnerungswert besitzen müssen, zeigt die Festprogramm-Seite. Sie ist für die Gäste sozusagen der Wegweiser durch den Tag der Hochzeitsfeier.

Aus dem abgedruckten Festprogramm kann jeder Gast den zeitlichen Ablauf der Feier und der geplanten Festbeiträge entnehmen und ist so in der Lage, sich jederzeit am richtigen Ort einzufinden. Auf dieser Seite sollte außerdem aufgeführt sein, wie man zur Kirche, zum Restaurant oder dem Privathaus, in dem die Feier stattfindet, gelangt. Zusätzlich beilegen können Sie einen Anfahrtsplan für die Hotels, in denen die Gäste untergebracht sind.

Haben Sie einen Fahrdienst organisiert? Dann geben Sie das ebenfalls bekannt. Am besten natürlich mit dem Namen des Fahrers und einer Beschreibung des Autos, damit jeder den Service auch in Anspruch nehmen kann.

Um nicht alle Festbeiträge sofort zu verraten, können einzelne Programmteile auch verschlüsselt sein. Dies empfiehlt sich zum Beispiel bei einer Diashow, die wichtige Stationen des Lebens der beiden Brautleute zeigt. Drucken Sie hierfür ohne weitere Erläuterungen Kinderbilder der beiden ab, kombiniert mit der Uhrzeit, wann die Aktion startet. Oder kündigen Sie die Diashow mit einem Kino- oder Fernsehtitel an und schmücken Sie den Beitrag mit kleinen gezeichneten Motiven wie »Popcorn«, »Eistüte« oder »Kinokarte«.

Ein »Toast« auf das Brautpaar wird meist von den Eltern vorgebracht. Da dies in der Regel zwischen den Essensgängen erfolgt, können Sie die Uhrzeit gut einplanen. Im Festprogramm erscheint dann beispielsweise eine Toastbrotscheibe als Symbol für die Rede.

Auch die Brautentführung kann in dem Festprogramm angekündigt werden. Hinweise auf den Aufenthaltsort der Entführten sind darin gestattet, wenn auch nur in Form eines Rätsels, um es dem Bräutigam nicht ganz so einfach zu machen.

Spiele können ebenfalls verschlüsselt angekündigt werden. Bei diesem Programmpunkt bietet es sich außerdem an, die Festzeitung zu nutzen, um Mitspieler zu werben. Kündigen Sie an, dass Sie Assistenten und Helfer suchen. Auf diese Weise wird das Festprogramm sinnvoll dazu eingesetzt, um die Gäste auf einzelne Programmpunkte einzustimmen oder um einfach nur Sorge zu tragen, dass alle Teilnehmer zu einem bestimmten Zeitpunkt im Saal anwesend sind. Eine Kopie des Festprogrammes sollte außerdem auch die Musikkapelle erhalten, damit sie genau weiß, wann ein Tusch notwendig ist oder wann sie besser schweigen sollte.

Zeitplan

Uhrzeit	Ort	Ablaufplan	Ansprechpartner
13:00	Restaurant	**Mittagessen**	
		mit Eltern und Trauzeugen	
15:00	Kirche	**Kirchliche Trauung**	
		Die Brautleute treffen als Letzte vor der Kirche ein. Die Gäste nehmen in der Kirche Platz, dann kommt das Brautpaar. Die Brautjungfern und Brautführer folgen. Nach der Trauung: Das Brautpaar bleibt so lange vor der Kirche stehen, bis der letzte Gast gegangen ist. Anschließend: Fahrt zum Lokal	
17:00	Schloss	**Sektempfang**	
18:00		**Geschenke entgegennehmen**	Der Zeremonienmeister oder das Brautpaar
19:00		**Großes Hochzeitsessen**	
		Kurze Begrüßung (vor dem ersten Gang)	Der Vater der Braut
		Festansprachen	Der Vater des Bräutigams
		(zwischen dem ersten und dem zweiten Gang)	Der Pate der Braut
			Der Bräutigam
21:00		**Ehrentanz**	Das Brautpaar
		(damit ist der gesellige Teil des Abends eröffnet)	Der Bräutigam mit der Brautmutter, die Braut mit
		Weitere Tänze	dem Schwiegervater.
21:30		**Hochzeitslied**	Der Fußballverein des Bräutigams
22:00		**Vorführungen der Gäste**	Der Zeremonienmeister
		Pantomime	
		Zaubervorstellung	
		Sketch	
		Diashow	
23:00		**Entführung der Braut**	Der Frauenhandballverein der Braut
23:30		**Allgemeiner Tanz**	Die Kapelle
00:00		**Schleiertanz**	Die Braut
00:30		**Französische Verabschiedung***	Das Brautpaar

* Wenn das Brautpaar noch am selben Abend auf Hochzeitsreise geht, dann kann es sich französisch verabschieden, das bedeutet, es entfernt sich ohne offizielle Verabschiedung von den Gästen.

Showtime

So bleiben die Aufführungen der Gäste in guter Erinnerung: Gestalten Sie witzige Kleinanzeigen und setzen Sie sie in die Hochzeitszeitung.

Ist Ihnen das Festprogramm bereits bekannt oder gestalten Sie es sogar selbst? Vergessen Sie auf keinen Fall, diesen Teil der Hochzeit in Ihre Zeitung mit aufzunehmen. Ob Bauchredner, Jongleur oder Sologeigerin: Alle Darsteller sollten ihren Platz in dem Heft bekommen. Einmal werden so die Gäste über das Programm informiert und zum anderen ist es eine schöne Erinnerung an den Tag. Wer nicht alle Beiträge in voller Länge abdrucken möchte, kann die klassische Zeitungsrubrik »Suche/Biete« übernehmen, um in witziger Form Akteure und Beiträge vorzustellen.

Sämtliche Vorführungen lassen sich so darstellen. Dies kann der Kirchenchor sein, ein Hobby-Zauberer, die Nichte mit Stepptanzerfahrung oder Freunde, die einen Sketch aufführen möchten. Ein Theaterstück mit Handpuppen über das bisherige Leben des Brautpaares eignet sich dazu ebenso wie eine Pantomime über spezielle Etappen im Leben der Eheleute. Wenn Sie möchten, lassen Sie pro Beitrag ein wenig Platz frei, um Fotos der Teilnehmer nachträglich einzukleben.

Suche

Ballordner
Suche geschickten Herrn als Organisator und Vortänzer für Arrangements und Leitung der Polonäse.
Die Brautmutter

Gesellschaftskomiker
Unverwüstliche Frohnatur gesucht, die eine Auswahl der erfolgreichsten und durchschlagendsten Vorträge, Spiele, Ständchen und Sketche für Damen und Herren im Programm hat.
Der Bräutigam

Männerballett
Musikalische, vollkörperrasierte Herren mittleren Alters für Charakterrolle gesucht. Bitte nur Herren mit Konfektionsgröße 52 – 60 melden!
Der Bruder der Braut

Souffleuse
Suche reaktionsschnelle Dame, die gut tuscheln kann. Platz in der ersten Reihe garantiert.
Der Brautvater

Entführer gesucht
Wer ist bereit, die Braut zu entführen? Nur geduldige, nervenstarke und trinkfeste Männer erwünscht. Arbeitskleidung: schwarzer Anzug und Krawatte. Sonnenbrille wäre von Vorteil. Bitte melden bei den Freunden der Braut.

Zauberer
Wer wollte schon immer einmal wissen, was die Verwandten und Freunde so alles in den Taschen tragen? Mit Geld-Zurück-Garantie! Bitte melden beim Zeremonienmeister.

Biete

Diashow
Nostalgisches aus der Fotokiste. Getrübte Linse, weichgezeichnete Relikte aus der Vergangenheit. Unterlegt mit Musik und Tatsachenberichten. Wir basteln Ihnen Ihre Vergangenheit. Wie hätten Sie es gerne? Die Freunde des Bräutigams

Tafelredner
Eine reichhaltige und nahrhafte Auswahl an Toasts (Mehrkorn, Müsli, Vollkorn) für alle Gelegenheiten. Passend verpackt im Frischhaltebeutel.
Der Schwiegervater

Clown
Biete Faxen jeder Art. Tauche unverhofft auf Polterabenden und Hochzeitsfeiern auf. Besondere Merkmale: Große Nase, großer Mund und großes Herz. Nur ernst gemeinte Zuschriften erwünscht.

Übereinstimmungsspiel
Ein Spiel nur für starke Nerven. Hier wird sich zeigen, wie ernst es den Brautleuten ist. Passen sie wirklich zusammen? Es winken attraktive Preise für zwei weitere freiwillige Paare, die genötigt werden, mitzuspielen. Weigern zwecklos.
Der Zeremonienmeister

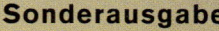

Stunden

Wahre Männer:
Entführung als Teilzeitjob

Taktvoller Hüftschwung
Stabilitätstest eines Bauches

Feuerwerk & Co.:
Pyromanen im Einsatz

Psychotest:
Warum Frauem mit Männern?!?

Besonders schön ist es, wenn auf dem Titel-blatt ein Foto des Brautpaares abgebildet ist, das am Tag der Trauung aufgenommen wurde. Lassen Sie den Platz für das Foto frei und kleben Sie das Bild später ein.
Wird die Hochzeitszeitung an alle Gäste verteilt, kann mit der Dankeskarte ein Hoch-zeitsbild zum Einkleben verschickt werden. Auf der freien Fläche können Grüße oder eine kleine Zeichnung stehen.

Spiele

Sie haben die Möglichkeit, Spiele in der Hochzeitszeitung vorzustellen, um so jedem Gast die Gelegenheit zu geben, sich vorher über einen Spielverlauf zu informieren. Sie können die Spielebeschreibungen aber auch als Erinnerung für das Brautpaar in die Hochzeitszeitung einbinden. Sehr originell ist es, wenn Sie während der Spiele Fotos machen, die Sie dann später in die Originalzeitung einkleben. Wie wäre es zum Beispiel mit einer Aufnahme von der Braut, wie sie gerade mit verbundenen Augen fremde Männerbeine abtastet oder einem ähnlich »brisanten« Motiv?

Spiele haben den Zweck, Langeweile zu vertreiben, eine Hochzeitsgesellschaft zu entkrampfen und die Gäste miteinander in Kontakt zu bringen. Dabei sollten Sie jedoch mit Fingerspitzengefühl vorgehen: Fragen Sie das Brautpaar, ob es mit Spielen einverstanden ist. Zwingen Sie niemanden, mitzuspielen. Nehmen Sie Rücksicht auf Alter und Gesundheitszustand der Gäste. Vermeiden Sie Spiele, bei denen Personen bloßgestellt werden könnten oder die eine »Vergangenheit« des Brautpaares aufdecken.

Übereinstimmungs- oder Partnerspiel

Ein überaus beliebtes Spiel und noch dazu sehr phantasievoll.

Fragen-Beispiele
▶ Wer hat den ersten Schritt gemacht?
▶ Wer ist sportlicher?
▶ Wer macht am Wochenende das Frühstück?
▶ Wer schläft morgens länger?
▶ Wer braucht am längsten im Bad?
▶ Wer hat zuerst geküsst?
▶ Wer hat die Finanzen in der Hand?

Vorbereitung
Von dem Spielleiter werden aus dem Publikum drei Paare ausgewählt. Dabei nimmt er natürlich das Brautpaar sowie ein Paar, das schon einige Beziehungs- oder Eheerfahrung hat. Ein drittes sollte frisch verliebt und erst seit kurzer Zeit zusammen sein.Sie sollten sich vorher bei Insidern erkundigen, welche Paare für diese Kategorien in Frage kommen, und vor allem klären, dass diese glücklich sind. Ein kurz vor der Scheidung stehendes Paar eignet sich nicht für dieses Spiel! Ebenfalls sollten Sie eine Liste von Fragen vorbereitet haben, die sich mit dem Zusammenleben und den Gemeinsamkeiten der Paare beschäftigen.

Spielverlauf
Es werden zwei Stuhlreihen gebildet, auf denen die Paare jeweils mit den Rücken gegeneinander Platz nehmen. Am besten sitzen die Frauen auf der einen, die Männer auf der anderen Seite. Danach tauscht jedes Paar einen Schuh, sodass jeder Teilnehmer jeweils einen eigenen und den Schuh des Partners in der Hand hält. Der Spielführer stellt nun die Fragen. Jeder Teilnehmer hält, je nachdem, ob die Antwort auf ihn zutrifft oder nicht, den eigenen Schuh oder den des Partners in die Höhe. Der Assistent des Spielführers notiert die Ergebnisse, das heißt die Übereinstimmungen.

Widerspricht sich ein Paar, indem es nicht den gleichen Schuh erhoben hat, erhält es keine Punkte. Bei Übereinstimmung gibt es einen Punkt. Siegerpaar ist, welches zum Schluss die meisten Übereinstimmungen aufweisen kann.

Improvisationstheater

Tipp
Diesen Teil kann man übrigens auch als Sketch von zwei Personen vorspielen lassen.

Zwei Mannschaften werden gebildet. Vorteilhaft ist, wenn eine der Mannschaften von der Braut ernannt wird, die andere vom Bräutigam. Jede Mannschaft sollte eine Stärke von vier Mitspielern besitzen. In der Brautmannschaft sollten Freunde der Braut, in der Bräutigamsmannschaft die Bekannten des Bräutigams versammelt sein.
Nun werden aus dem Publikum Stichworte genannt, und zwar:
1. Die Art der Darstellung: Theater, Musical, Komödie, Pantomime usw.
2. Das Thema der Darstellung, also der Titel des Stückes. Dafür motiviert man das Publikum, Stichworte zu geben. Zum Beispiel:
▶ Gartenarbeit
▶ Schweine im Weltraum
▶ Einsame Insel
▶ Fernsehabend
▶ Erste Verabredung des Brautpaares
▶ Erster Kuss
▶ Heiratsantrag

Die Aufgabe des Publikums ist es nun, die Darstellungen der beiden Mannschaften zu verfolgen und die beste Vorführung zu prämieren.

Quiz

Themen, die das Brautpaar betreffen, sollen hier als Fragen an eine Ratemannschaft aus Hochzeitsgästen gestellt werden. Gewinner ist, wer am meisten über das Brautpaar weiß. Es sind auch Fragen zum Kennenlernen des Brautpaares bis hin zum Zeitpunkt des ersten Kusses zugelassen. Die Fragen sollten aber immer auf die Brautleute bezogen sein.

Verfremdungsspiel

Preise
Für das Siegerpaar gibt es zum Beispiel einen Ratgeber: »Wie lerne ich streiten?«
Der zweite Platz wird honoriert mit einem romantischen Essen für zwei Personen. Dies besteht aus einer Dose Ravioli mit einer Kerze! Das Verliererpaar bekommt beispielsweise den Ratgeber »Scheidungsrecht«.

Es werden zwei Mannschaften gebildet, die jeweils ein Thema zur Aufgabe bekommen. Dieses Thema kann ein Kochrezept sein, eine Wegbeschreibung usw. Dabei sollen die Teilnehmer so viel des Textes wie möglich verfremden, das heißt, so viele Worte wie möglich, die mit Hochzeit zu tun haben, einarbeiten oder durch Begriffe rund um die Ehe ersetzen. Die Mannschaft mit den meisten Begriffen und auch neuen Wortschöpfungen wird prämiert.

Worte des Glücks

Geflügelte Worte

Sprüche, geflügelte Worte oder Gedichte eignen sich sowohl als Füllmaterial für die Hochzeitszeitung als auch zum Vortragen während der Hochzeitsfeier.

Suchen Sie sich aus der Weltliteratur, aus berühmten Romanen oder Filmen passende Texte heraus. Dabei sollten diese Texte einen Bezug zum Brautpaar haben. Themen können das Kennenlernen des Brautpaares sein oder spezielle Hobbys der beiden. Auch bestimmte Charakterzüge des Brautpaares können durch die Sprüche betont und hervorgehoben werden.

Zitatensammlungen sind gute Quellen für diese Art von Beiträgen. Verbinden Sie verschiedene Gedichte miteinander, suchen Sie sich die Stellen heraus, die passen, und mixen Sie alle Bestandteile zu einem anregenden »Hochzeitscocktail«.

Liebe ist etwas Ideelles, Heiraten etwas Reelles. Und nie verwechselt man ungestraft das eine mit dem anderen.
Johann Wolfgang von Goethe

Ehe ist nie ein Letztes, sondern Gelegenheit zum Reifwerden.
Johann Wolfgang von Goethe

Eine gute Ehe beruht auf dem Talent zur Freundschaft.
Friedrich Nietzsche

Jemand lieben heißt, als Einziger ein für die anderen unsichtbares Wunder sehen.
François Mauriac

Gehst du in den Krieg, so bete einmal, gehst du zur See, zweimal, in die Ehe – dreimal!
Russisches Sprichwort

*Mit den Ehen ist es wie mit den Vogelbauern:
die Vögel, die nicht darin sind, wollen mit aller Gewalt hinein, und die, welche darin sind, wieder heraus.*
Michel Eyquem de Montaigne

Es ist leichter, sich mit mehreren Männern herumzuschlagen, als mit einer einzigen Frau Krieg zu führen.
Honoré de Balzac

Ehe: So heiße ich den Willen zu zweien, das Eine zu schaffen, das mehr ist, als die es schufen.
Friedrich Nietzsche

Heimat ist der Mensch, dessen Wesen wir vernehmen und erreichen.
Max Frisch

Junggesellen sind Männer, die nur halb aufs Ganze gehen.
Tatjana Sais

*Die Ehe ist der Anfang und der Gipfel aller Kultur. Sie macht den Rohen mild, und der Gebildete hat keine bessere Gelegenheit, seine Milde zu beweisen.
Unauflöslich muss sie sein, denn sie bringt so vieles Glück, dass alles einzelne Unglück dagegen gar nicht zu rechnen ist.*
Johann Wolfgang von Goethe

Herz ist Trumpf

**Wünscht bis zum
Hochzeitsglück
Den Freiern Argusaugen;
Doch in der Ehe taugen
Am besten
Maulwurfsaugen.**
Friedrich Haug

**Eifersucht ist eine
Leidenschaft, die mit Eifer
sucht, was Leiden schafft.**
Friedrich Schleiermacher

**Lieben heißt nicht
begehren, sondern zärtlich
zueinander sein.**
Honoré Gabriel de Riqueti
Graf von Mirabeau

**Die Frau ist kein Raubtier.
Im Gegenteil: Sie ist die
Beute, die dem Raubtier
auflauert.**
José Ortega y Gasset

*Das Leben ist wundervoll.
Es gibt Augenblicke, da möchte
man sterben. Aber dann geschieht
etwas Neues, und man glaubt, man
sei im Himmel.*
Edith Piaf

*Die Frau ist der Wirklichkeit
gewordene, schönste Traum des
Mannes.*
Hans Lohberger

*Der Verstand kann uns sagen,
was wir unterlassen sollen.
Aber das Herz kann uns sagen,
was wir tun müssen.*
Joseph Joubert

*Jede Mutter hofft, dass ihre Tochter
einen besseren Mann bekommt als
sie selber.
Und zugleich ist sie überzeugt, dass
ihr Sohn niemals eine so gute Frau
bekommen wird, wie sein Vater.*
Martin Andersen Nexø

Die Liebe besiegt alles.
Vergil

*Nicht da ist man daheim,
wo man seinen Wohnsitz hat,
sondern wo man verstanden wird.*
Christian Morgenstern

*Die Probenächte dauern so lange,
bis sich beide Teile von Ihrer
wechselseitigen physischen
Tauglichkeit zur Ehe genugsam
überzeugt haben oder bis das
Mädchen schwanger wird.*
Friedrich Ch. Fischer, Beschreibung
der Sitte und Ihrer Ursache, 1780

*Sie hat nichts und du desgleichen,
Dennoch wollt Ihr, wie ich sehe,
Zum Bund der heiligen Ehe,
Euch bereits die Hände reichen.*

*Kinder, seid Ihr denn bei Sinnen?
Überlegt Euch das Kapitel!
Ohne die gehör'gen Mittel,
Soll man keinen Krieg beginnen!*
Wilhelm Busch

*Die Ehe ist die einzige wirkliche
Leibeigenschaft,
die unser Gesetz kennt.
Es gibt keine Sklaven mehr,
außer den Herrinnen jedes Hauses.*
John Stuart Mill

*Im achtbarsten Sinne des Wortes
Ehe handelt es sich um die
gesellschaftliche Erlaubnis,
die zwei Personen zur
Geschlechtsbefriedigung aneinander
erteilt wird,
unter Bedingungen, wie sie sich von
selbst verstehen,
aber solchen, welche das Interesse
der Gesellschaft im Auge haben.*
Friedrich Nietzsche

*Ob zwei Leute gut getan haben,
einander zu heiraten, kann man bei
ihrer silbernen Hochzeit noch nicht
wissen.*
Marie von Ebner-Eschenbach

*Einen Menschen zu lieben heißt
einzuwilligen, mit ihm alt zu
werden.*
Albert Camus

SONDERAUSGABE

Hochzeitstag

HerzBlatt

Die schönste Liebesgeschichte

*Die Ehe ist eine recht hübsche Sache,
nur dauert sie ein bisschen lange; deshalb kann auch nur derjenige
sich darin zufrieden fühlen, der sich beim Eingehen
dieses Verhältnisses durch Eigenschaften bestimmen ließ,
welche von Dauer sind.*

J. Baron von Eutvös

Spruch des Tages

Lieben heißt, mit dem Herzen bewundern, und bewundern heißt, mit dem Verstand lieben.

Wer die Leidenschaft als Jugendsünde abtut, degradiert die Vernunft zur Alterserscheinung.

Die Liebe ist eine Dummheit,
die zu zweit begangen wird.
Napoleon Bonaparte

Der Ehestand ist gut bestellt,
wo jedes Teil sein Zepter hält.
Die Frau regiere Herz und Topf,
der Mann den Becher und den Kopf!
Wilhelm Müller

Die Ehe ist ein Hafen im Sturm,
öfters aber ein Sturm im Hafen.
Petit Senn

Die Ehe nehmen die Junggesellen
ernster als die Verheirateten.
Cesare Pavese

Manche Ehe ist eine lebenslängliche
Doppelhaft ohne Bewährungsfrist
und ohne Strafaufschub, verschärft
durch Fasten und gemeinsames
Lager.
Jean Paul Sartre

Der Mensch wird am Du zum Ich.
Martin Buber

Nichts halb zu tun ist edler Geister
Art.
Christoph Martin Wieland

Die Liebe beruht auf einer starken
Übertreibung des Unterschiedes
zwischen einer Person
und allen anderen.
George Bernard Shaw

Glücklich allein ist die Seele,
die liebt.
Johann Wolfgang von Goethe

Drum prüfe, wer sich ewig bindet.
Friedrich von Schiller

Das Weib ist die Schatzhüterin
des Lebens in Verantwortung,
Zurückhaltung und Sorgenahnung.
Wilhelm Busch

Humor ist eine Eigenschaft des
Herzens – wie die Liebe. Es gibt
Menschen, die nicht lieben können;
wahrscheinlich sind es dieselben,
die keinen Humor haben.
Rudolf G. Binding

O Ehestand! O Wehestand!
William Shakespeare

Vertrauen und Achtung, das sind
die beiden unzertrennlichen
Grundpfeiler der Liebe, ohne
welche sie nicht bestehen kann.
Heinrich von Kleist

Das Geheimnis einer guten Ehe:
einer Serienaufführung immer
wieder Premierenstimmung zu
geben.
Max Ophüls

Ob die Weiber so viel Vernunft
haben wie die Männer, mag ich
nicht entscheiden, aber sie haben
ganz gewiss nicht so viel
Unvernunft.
Johann Gottfried Seume

Das Glück ist das Einzige, was sich
verdoppelt, wenn man es teilt.
Albert Schweitzer

Liebeskodex aus
dem 12. Jahundert

**Semper amorem minui cre-
scere constat.**
Die Liebe kann jederzeit
abnehmen und zunehmen.

**Masculus non solet nisi in
plena pubertare amare.**
Der Mann liebt gewöhnlich
nur in voller Reife.

**Amor semper ab avaritia
consuevit domiciliis exulari.**
Durch Geiz pflegt die Liebe
aus dem Haus vertrieben
zu werden.

**Non decet amare quarum
pudor est nuptias affectare.**
Es ziemt sich nicht,
eine Frau zu lieben,
die zu heiraten man sich
schämen würde.

Nicht in die ferne Zeit
verliere dich,
den Augenblick ergreife,
der ist dein.
Friedrich von Schiller

Die Liebe ist eine Dummheit,
die zu zweit begangen wird.

Das Einzige, was man ohne Geld
machen kann, sind Schulden.

Mit dir denke ich laut.

Liebe ist die gemeinsame Freude
an der wechselseitigen
Unvollkommenheit.

Ein Kuss ist die schönste Art,
gemeinsam den Mund zu halten.

Einen Menschen lieben heißt, ihn so
zu sehen, wie Gott ihn gemeint hat.
Fjodor Dostojewski

Die Ehe ist und bleibt die wichtigste
Entdeckungsreise, die der Mensch
unternehmen kann.
Sören Kierkegaard

Es ist viel leichter, für eine
geliebte Frau zu sterben,
als mit ihr zu leben.
Lord Byron

Wenn eine Frau heiratet,
kann sie die Sorgen teilen,
die sie vorher nie hatte.

Heirate oder heirate nicht,
du wirst es in jedem Fall bereuen.
Sokrates

Lehne dich an mich,
und ich habe Halt.

Eine Frau ist der beste Gefährte
fürs Leben.
Martin Luther

Liebe ist jener seltsame Zustand,
den alle belächeln, bevor sie von
ihm befallen werden.
Virna Lisi

Das Wort »Verzeihung« ist die
beste Münze im Hause.
Chinesisches Sprichwort

Freundschaft und Liebe erzeugen
das Glück des menschlichen Lebens.
Wie zwei Lippen den Kuss, welcher
die Seelen entrückt.
Christian Friedrich Hebbel

Das größte Glück, nächst der Liebe
besteht darin, die Liebe eingestehen
zu dürfen.

Aus Liebe und Vernunft zu frei'n,
wie sollt' das nicht dasselbe sein,
da es doch nichts so Vernünftiges
gibt,
als eine zu frei'n, die man liebt.
Paul Heyse

Allein ist der Mensch ein
unvollkommenes Ding;
Er muss einen zweiten finden,
um glücklich zu sein.
Blaise Pascal

Die Ehe ist der einzige Geschäfts-
zweig, bei dem die Mehrzahl der
leitenden Positionen von Frauen
besetzt ist.
Robert Lemke

Alter schützt vor Liebe nicht,
aber Liebe vor Altern.
Coco Chanel

Festreden

Nicht nur etwas für die Ohren, sondern auch etwas für die Augen ist eine Rede, die, mit passenden Zeichnungen versehen, in der Hochzeitszeitung abgedruckt ist. Auch nach Jahren lässt sich so noch feststellen, welche der guten Wünsche in Erfüllung gegangen sind.

»Eine gute Rede hat einen guten Anfang und ein gutes Ende – und beide sollten möglichst dicht beieinander liegen«, bemerkte bereits Mark Twain, nachdem er leidvolle Erfahrungen als Zuhörer hatte sammeln müssen. Bei Hochzeitsreden besteht weniger die Gefahr, dass ein Redner zu ausschweifend wird, vielmehr ist es die Anzahl der Reden, welche die Zuhörer ermüden könnte. Doch wenn sich jeder Sprecher an die ihm zugedachte Zeit von etwa fünf Minuten hält und dazu noch ein paar spannende oder erheiternde Gedanken zum Thema Ehe oder Heiraten beiträgt, vergeht den Zuhörern höchst angenehm die Zeit wie im Fluge.

Damit diese liebevoll erdachten und einmaligen Reden nicht gar so schnell in Vergessenheit geraten, ist es sinnvoll, sie in der Hochzeitszeitung

Von dem Umgange unter Eheleuten,

und zwar dem gelungenen Umgange, machte schon Freiherr von Knigge das Glück des Lebens abhängig. Seine heute nach wie vor gültigen Worte will ich euch,

liebe Braut und lieber Bräutigam,

statt einer langen Rede mit auf den Weg geben:
»Eine weise und gute Wahl bei Knüpfung des wichtigsten Bandes im menschlichen Leben ist freilich das sicherste Mittel, um in der Folge sich Freude und Glück in dem Umgange unter Eheleuten versprechen zu können. Wenn hingegen Menschen, die nicht gegenseitig dazu beitragen, sich das Leben süß und leicht zu machen, sondern die vielmehr widersprechende, sich durchkreuzende Neigungen und Wünsche verschiedenes Interesse hegen, unglücklicherweise sich nun auf ewig aneinander gekettet sehen, so

ist es in der Tat eine höchst traurige Lage, eine Existenz voll immer währender herber Aufopferung, ein Stand der schwersten Sklaverei, ein Seufzen unter den eisernen Fesseln der Notwendigkeit, ohne Hoffnung einer anderen Erlösung, als wenn der dürre Knochenmann mit seiner Sense dem Unwesen ein Ende macht. Wähle also mit Vorsicht die Gefährtin (beziehungsweise den Gefährten) deines Lebens, wenn deine künftige häusliche Glückseligkeit nicht ein Opfer des Zufalls sein soll.«
Genau das habt ihr beide auch getan, liebe Braut und lieber Bräutigam. Mit allergrößter Umsicht habt ihr gewählt und euch für einander entschieden, sodass ihr nun das wichtigste Band im menschlichen Leben auf Jahre hinaus genießen könnt.

Darauf möchte nun ich mit euch anstoßen und euch von Herzen Glück und Zufriedenheit wünschen.

abzudrucken. Die Redemanuskripte können Sie sich vorher zuschicken lassen und jeden Beitrag mit ein paar passenden Illustrationen schmücken. Beachten Sie möglichst die Reihenfolge, in der die Reden gehalten werden: Bei traditionellen Hochzeiten erhebt zuerst der Brautvater sein Glas, um die Gäste mit Anekdoten zu unterhalten und auf das Glück des jungen Paares zu trinken. Danach ist der Vater des Bräutigams an der Reihe und anschließend können sich in loser Folge Geschwister, Paten und Freunde zu Wort melden. Auch wird es immer mehr Sitte, dass sich Braut und Bräutigam mit einer kurzen Ansprache bei ihren Gästen für ihr Kommen bedanken.

Die Zeitung bietet »Nicht-Rednern« die Möglichkeit, dem Brautpaar einen Toast zu widmen. Statt die sonst üblichen Verse auf der für die Gäste reservierten Seite einzutragen, schreibt in diesem Fall jeder Festteilnehmer auch noch freundliche, nachdenkliche oder witzige Sätze neben seinen Namen.

Liebes Brautpaar!

statt vieler Worte hier nun die Essenz von allem,
was ich euch mit auf den Weg geben möchte:

Möget ihr

euch das ganze Leben über respektvoll behandeln,
euch gemeinsam über Kleinigkeiten freuen,
euch gegenseitig fordern und zu Höchstleistungen anfeuern,
euch in die Realität verlieben, nicht in die Illusion,
euch nie streiten, wer den Müll wegbringt,
euch kleine Liebes-Zettel schreiben und
gegenseitig unter dem Kopfkissen verstecken,
geteilte Sorgen und verdoppelte Freude haben,
einen Streit nicht als das Ende, sondern als Möglichkeit,
sich mit dem anderen auseinanderzusetzen, begreifen,
den anderen immer wieder neu entdecken,
nie den Geburtstag des anderen vergessen,
dem anderen die Lieblingsspeise kochen, um ihn aufzuheitern,
gemeinsam das Leben im Kleinen und Großen planen,

immer für einander da sein!

In diesem Sinne, liebes Brautpaar, wünsche ich euch,
dass euer Glück sich weiter entfalten und Stück für Stück wachsen möge.

Grüße aus der Ferne

Glückwünsche per Brief oder Karte, auch fingierte, erfreuen das Brautpaar.

Manche Gäste können nicht zur Hochzeitsfeier kommen, weil sie beispielsweise krank sind oder weil sie ihren lang ersehnten Urlaub genau zu dieser Zeit antreten.

Dann gibt es die Möglichkeit, die Glückwünsche per Post dem Hochzeitspaar zukommen zu lassen. Besonders schön ist es, wenn die Abwesenden die Grüße vorher den Zeitungsmachern zusenden. Diese können die Glückwünsche dann in der Hochzeitszeitung abdrucken, sodass die Abwesenden auf diese Weise doch in das Fest mit einbezogen werden. Auch erfundene Glückwunschpost findet unter dieser Rubrik Platz. Erdachte Trauerbriefe von Ex-Freunden können das sein oder Beileidsschreiben von Müttern und Schwiegermüttern. Selbst Post von der Queen, dem Bundeskanzler, einem kirchlichen Würdenträger, dem ehemaligen Klassenlehrer und dem letzten Chef wird gerne abgedruckt. Ob echt oder erfunden – die Glückwünsche sollen für Staunen, Schmunzeln und Heiterkeit sorgen.

Lieber Bräutigam,

Wir sind sehr froh, dass du nun endlich gut untergebracht bist. Jetzt müssen wir dich nicht mehr durchfüttern. Endlich isst uns keine[r] die Chips weg und trin[kt die] gesamten Biervorräte [...] sofort drehen wir den [...] und kommen in Zukunf[t ...] dir, Prost!

Dein Kegelclub

Liebe Susi,
ich hatte so gehofft, dass du dich doch noch anders entscheidest. Ich hätte alles für dich getan. Du hättest von mir immer und freiwillig die obere Brötchenhälfte bekommen. Den Müll hätte ich fast immer ohne Murren weggebracht. Was ist nur besser an Lothar? Ist es sein Auto? Ich bin unendlich traurig. Trotzdem alles Gute zur Hochzeit
Dein Werner

Liebes Brautpaar
Kirchstrasse 6
45863 Brauthausen

Liebes Brautpaar,
schon bei meiner letzten Weihnachtsansprache habe ich es erwähnt und habe euch geraten: Tut euch zusammen! Macht Ehegattensplitting. Die Ehe als solche ist in diesen unwirtlichen Zeiten sehr vorteilhaft, wenn Ihr einander beerbt. Die Erbschaftssteuer ist wesentlich niedriger als andere Steuerformen! Auch könnt Ihr gegenseitig eure Rente in Anspruch nehmen und gewinnt dadurch eine nie gekannte Sicherheit. Wer von den wild zusammenlebenden Paaren kann jemals diese Erfahrung machen? Ich gratuliere euch zu eurem Entschluss.
Der Bundeskanzler

Liebes Brautpaar
Kirchstraße 6
45863 Brauthausen

CUCINA TOSCANA

Liebe Susi, lieber Lothar,
endlich findet auch ihr auf den
Pfad der Tugend. Es ist noch
nicht zu spät! Deshalb drücke
ich auch beide Augen zu und
frage nicht näher nach der kleinen
Rundung in Taillenhöhe im weissen
Brautkleid.
Gesegnete Gr∞sse aus Rom
Der Papst

Liebes Brautpaar
_____
Kirchstraße 6
_____
45863 Brauthausen

Liebe Braut, lieber Bräutigam,
wir schreiben diesen Karte ganz
langsam, weil wir wissen, dass ihr nicht so
schnell lesen könnt. Leider können wir
nicht bei eurer Hochzeit dabei sein, aber
kommt uns doch in den Flitterwochen
besuchen! Wir sind nämlich umgezogen.

Herzliche Grüße
Susanne und Peter

P.S: Wir wollten euch eigentlich noch
etwas Geld mitschicken, aber leider ha...
wir den Briefumschlag schon zugeklebt...

Sehr geehrter Herr Lothar Meyer nebst frisch angetrauter Gattin,
auf diesem Wege sende ich meine herzlichsten Glückwünsche an Sie.
Lange hätte ich mir das mit Ihnen, Herr Meyer, auch nicht mehr mit
angeschaut. Ich bin sehr froh, dass es nun an Ihrer Seite eine zuverlässige
Gattin gibt, die Sie ein wenig beaufsichtigt. Endlich gibt es auch bei
Ihnen morgens und abends eine fürsorgliche Endkontrolle. Lippen-
stiftspuren auf Hemden werden ausbleiben und der Krawattenknoten
nicht mehr wie eine Notfallübung für Segler aussehen. Sie werden dann
hoffentlich auch nie mehr zwei verschiedene Strümpfe tragen und
stattdessen pünktlich und rasiert mit Frühstücksbrot in der Tasche zur
Arbeit antreten.
Wir alle freuen uns darauf, Sie demnächst als »vertrauten« Menschen
begrüßen zu können.
Im Namen der Belegschaft
Ihr Chef

Wenn zwei sich trauen

Das Kirchenprogramm

Das Kirchenprogramm, auch Liedheft oder Liturgieblatt genannt, enthält neben Noten und Texten der Lieder oftmals den Ablauf der Trauliturgie. Üblicherweise besteht dieses Programm aus einem Deckblatt, einem Hauptteil mit der Trauungszeremonie und einem Anhang mit Liedtexten. Das Deckblatt kann mit einem kirchlichen Motiv oder einer Zeichnung der Kirche geschmückt sein. Ebenfalls sollte darauf der Name des Brautpaares und das Hochzeitsdatum stehen. Im Inneren ist dann der Text der Fürbitten und Gebete sowie der Trauspruch (bei der evangelischen Trauung) abgedruckt. Auch können Fotos darin enthalten sein. Sie können ebenfalls im Anhang die am Gottesdienst beteiligten Gäste namentlich erwähnen.

Nebensächlich, ob es sich bei der Trauung um eine rein standesamtliche oder um eine kirchliche Trauung handelt: In jedem Fall sollte mindestens eine Seite in der Hochzeitszeitung für die Trauungszeremonie reserviert werden.

Weiterhin ist es von geringer Bedeutung, ob die Trauung evangelisch oder katholisch abgehalten wird. Sie müssen nur beachten, dass das Kirchenprogramm an die kirchliche Zeremonie gebunden ist. Wenn Sie das Programm in die Hochzeitszeitung aufnehmen wollen, besitzt das Brautpaar später eine Erinnerung an diese wichtigen Stunden, und auch die Gäste erhalten ein weiteres Dokument des Tages gleich in die Hochzeitszeitung eingebunden. Beim Zeremonienmeister oder dem zuständigen Geistlichen können Sie vorher in Erfahrung bringen, welcher Trau- oder Vermählungsspruch für die Trauung gewählt wird. Oftmals erklärt sich auch der Priester oder Pfarrer bereit, einen kleinen Beitrag zu verfassen.

Das Hohelied der Liebe

Die Liebe ist langmütig,
die Liebe ist gütig.
Sie ereifert sich nicht,
sie prahlt nicht,
sie bläht sich nicht auf.
Sie handelt nicht ungehörig,
sucht nicht ihren Vorteil,
lässt sich nicht zum Zorn reizen,
trägt das Böse nicht nach.
Sie freut sich nicht über das
Unrecht,
sondern freut sich an der Wahrheit.
Sie erträgt alles,
glaubt alles,
hält allem stand.
Die Liebe hört niemals auf.
(1. Kor 13, 4–8a)

Zum Mitsingen

Auch wenn für passende Musik ein DJ oder eine Band sorgt, wird sicher irgendwann während der Feier ein Lied für das Brautpaar angestimmt. Möglicherweise ist so eine Gesangseinlage sogar als Beitrag des Festprogramms eingeplant. Damit alle Gäste mitsingen können, ist es wichtig, dass sie die Texte kennen; die Melodien sind ihnen meist geläufig. Drucken Sie deshalb die Liedtexte in Ihrer Hochzeitszeitung ab und sorgen Sie dafür, dass die Gäste sie zum Zeitpunkt des Singens vorliegen haben. Wenn Sie möchten, zeichnen Sie noch die Noten dazu, doch Vorsicht, das ist nicht ganz einfach.

Besonders schön ist es natürlich, wenn Sie zu einer bekannten Melodie einen neuen Text erfinden, der einen Bezug zur Hochzeit oder der Lebensgeschichte der Brautleute hat. Lieder wie »Mariechen saß weinend im Garten« oder »Es lebt der Eisbär in Sibirien« eignen sich hervorragend dazu. Bei einigen Liedern reicht es bereits, wenn Sie die Namen der Hauptpersonen austauschen.

Wer sich an klassischen Vorlagen orientieren möchte, trägt Moritaten beziehungsweise Bänkellieder vor. Hierfür muss man noch nicht einmal gut singen können, die Worte sind wichtig. Das Publikum stimmt dann jeweils in den Refrain mit ein. In der Hochzeitszeitung lassen sich dann diese »gar schröcklichen G'schichten« jederzeit wieder nachlesen.

Es müssen nicht nur die bekannten Lieder sein, die zur Hochzeitsfeier gesungen werden. Besonders schön ist es, wenn eine umgedichtete Weise zu Ehren des Brautpaares angestimmt wird. Der Text sollte dann allerdings allen Gästen vorliegen.

Es lebt der Eisbär in Sibirien

Es lebt der Eisbär in Sibirien,
es lebt in Afrika das Gnu,
es lebt der Säufer in Delirien,
in meinem Herzen lebst nur du.
In meinem Herzen lebst nur du!

Es schwimmt im Meere die Blondine,
die Badefrau, die sieht ihr zu,
es schwimmt im Öle die Sardine,
in meinem Herzen schwimmst nur du!

Es knickt der Sturm die starke Kiefer,
es knickt das Gras die bunte Kuh,
es knickt die Magd das Ungeziefer,
mein armes Herze knickst nur du!

Es sitzt der Kutscher auf dem Bocke,
der Wilde sitzt in dem Kanu,
es sitzt die Laus wohl an der Locke,
in meinem Herzen sitzt nur du!

Es spuckt der Bäcker in die Hände,
es spuckt die Köchin ins Ragout,
es spuckt der Lausbub an die Wände,
in meinem Herzen spukst nur du!

Es haut der Förster seine Föhren,
es haut die Magd die Türe zu,
es haut der Lehrer seine Gören,
in meinem Herzen haust nur du!

Aus Eimern säuft des Esels Stute,
der Säufer säuft ohn' Rast und Ruh,
der Jüngling säuft im Übermute,
in meinem Herzen seufzt nur du!

Es bricht im Glase sich der Funke,
die Nacht bricht an zu kühler Ruh,
es bricht der Jüngling nach dem Trunke,
mein armes Herze brichst nur du!

Mariechen saß weinend im Garten

Mariechen saß weinend im Garten,
im Grase lag schlummernd ihr Kind.
Mit ihren goldenen Locken,
spielt säuselnd der Abendwind.
Sie war so müd' und traurig,
so einsam und so bleich.
Die dunklen Wolken zogen
und Wellen schlug der Teich.

Der Geier steigt über die Berge.
Die Möwe zieht stolz einher.
So weht ein Wind von ferne,
schon fallen die Tropfen schwer.
Schwer von Mariens Wangen
eine heiße Träne rinnt:
Sie hält in ihren Armen
ein kleines, schlummerndes Kind.

»Hier liegst du so ruhig von Sinnen,
du armer verlassener Wurm.
Du träumst von künftigen Sorgen,
die Bäume bewegt der Sturm.

Dein Vater hat dich verlassen,
dich und die Mutter dein;
drum sind wir arme Waisen
auf dieser Welt allein.

Dein Vater lebt herrlich, in Freuden;
Gott lass' es ihm wohl ergehn.
Er gedenkt nicht an uns beide.
Will mich und dich nicht sehn.
Drum wollen wir uns beide
hier stürzen in die See:
Dann bleiben wir verborgen
vor Kummer, Ach und Weh!«

Da öffnet das Kindlein die Augen,
schaut auf zur Mutter und lacht.
Sie drückt's an ihr Herz mit Freuden,
und weinend sie sagt:
»Nein, nein wir wollen leben,
wir beide, du und ich.
Dem Vater sei's vergeben,
wie glücklich machst du mich!«

Herr Hadubrand

Herr Hadubrand in Gram und Sorg,
er lebt auf einer Ritterborg.
Er lebt in Gram und Sorgen nur,
und war ein schrecklicher Barbur,
ein Barbur, ein Barbur.
Und die G'schichte ist ganz wuhr!

Einst traf er an ein Mägdulein
und ging mit ihr Verlobung ein.
Der Ritter war ein finst'rer Mann,
den niemand richtig leiden kann.
»Mägdulein, sei nicht dump,
lass ihn laufen, diesen Lump!«

Der Ritter hat in einer Nacht
ihr ganz Vermögen durchgebracht;
doch dann verließ er sie sofort,
obwohl er Treue ihr geschwort,
ging er fort, ging er fort,
obwohl er Treue ihr geschwort.

Das Mägdlein seufzt und weinte sehr,
so wie man heute weint nicht mehr.
Sie stieg herab vom Ritterschloss,
da strömt vorbei ein tiefer Floss.
In den Floss, in den Floss,
sich das arme Mägdlein schmoss.

Herr Hadubrand in seiner Kammer,
er lag gerad' im tiefsten Schlammer,
da plötzlich trat um Punkt zwölf Uhr
ein schreckliches Gespenst hervur,
ein Gespenst riesengroß:
's war das Fräulein aus dem Schloss!

Der Ritter zittert und es grinst ihn an
das schreckliche Gespinst.
Schnell zog er über Kopf und Wanst
die Bettdeck vor dem Schreckgespanst.
Das Gespanst, das Gespinst
auf den Ritter blinzt und grinst.

Das Mägdlein kam nun jede Nacht,
hat an dem Ritter sich geracht.
Da half nicht Geld, nicht Zauberkunst,
stets kam und heulte das Gespunst:
»Hadubrand, Hadubrand,
pfui, pfui, Teufel!« – und verschwand.

Gespensterspuk in Nacht und Graus
hält selbst ein Rittersmann nicht aus.
Und eines Tages in der Früh'
lag tot er auf dem Kanapü.
Und so ward, kaum vollbracht,
furchtbarlich die Tat geracht.

Neben Liedern, Blumen und Ringen spielen auch Kerzen bei der Hochzeit eine Rolle. Speziell die Brautkerze gilt als Symbol der Liebe: Sie brennt und verzehrt sich, sie leuchtet und wärmt.

Hochzeitsbräuche

Über Bräuche und deren Sinn beziehungsweise Unsinn kann man lange diskutieren. Seit Jahrhunderten tragen sie als eine Art Aberglauben zum Gelingen des Festes und natürlich auch der Ehe bei. Angefangen beim Tragen eines Eherings über das Hochzeitskleid, den Brautstrauß, die Hochzeitstorte bis zu den Kerzen sind unzählige Symbole bis in die heutige Zeit erhalten geblieben. Feste wie eine Hochzeit werden durch Bräuche belebt, die sich als roter Faden durch die gesamte Feier ziehen. Ursprünglich dienten die meisten Bräuche in erster Linie der Vertreibung von Geistern und Dämonen.

Ein Beispiel hierfür ist das »Durcheinanderbringen« der Wohnung und speziell des Brautpaar-Schlafzimmers. Freunde versuchen am Hochzeitsabend den Schlüssel zur Brautpaar-Wohnung zu entwenden und einigen Schabernack in den Räumen anzustellen. Von kleinen »Gemeinheiten« wie dem Bepflanzen der Kloschüssel mit einem Kaktus bis zu harmloseren Streichen wie den Glöckchen, die am Lattenrost des Ehebettes befestigt werden, sind bereits alle möglichen »Unwesen« in Brautpaarwohnungen getrieben worden. Allseits beliebt ist auch das Aufstellen von mit Wasser gefüllten Bechern im Flur.

Brauchtum
In einigen Gegenden Deutschlands war es Brauch, dass Freunde des Bräutigams die Gäste einluden. Zwei Wochen vor der Hochzeit schossen sie vor deren Häusern einige Pistolenschüsse ab. Dann überbrachten sie die Einladungen und wurden zum Dank dafür gut bewirtet.

Eine andere »nette« Idee ist es, den Schlafzimmerschlüssel in einen Eisblock einzufrieren. Das wird zweckmäßigerweise Tage vorher in mehreren Schritten bewerkstelligt. Mit einem zweiten Schlüssel schließen die Freunde die Schlafzimmertür in der Hochzeitsnacht unauffällig ab. Der Eisblock mit dem Originalschlüssel wird dann in die Badewanne gelegt, wo er von dem Brautpaar nach der Feier in hoffentlich guter Stimmung recht rasch abgetaut werden kann.

In die Hochzeitszeitung sollten möglichst sämtliche Bräuche aufgenommen werden, die für den Festtag geplant sind. Machen Sie sich vorher kundig, welche Überraschungen für das Brautpaar vorbereitet werden, und reservieren Sie dafür möglichst eine Doppelseite in Ihrer Zeitung. Für die Fotos können Sie Rahmen vorsehen, in die später die Aufnahmen eingeklebt werden. Als Textbeitrag bietet es sich an, neben persönlichen Anmerkungen ein wenig auf den geschichtlichen Hintergrund der Bräuche einzugehen beziehungsweise sie vorzustellen und zu erläutern.

Brautschuh

Pfennige und heutzutage Cents für die Brautschuhe: Früher musste die Braut ihre Schuhe selber von ihrem Lohn absparen. Am Wert der Schuhe konnte der Bräutigam dann ablesen, wie brav die Braut gespart hatte, und dies wiederum ließ Rückschlüsse darauf zu, wie sparsam die Braut als Hausfrau sein würde. Ein Geldstück im rechten Schuh der Braut soll ebenfalls Glück bringen und ihr die Verfügung über das Geld ihres Mannes sichern.

Spalier stehen

Ebenfalls direkt nach der Trauung, ob kirchlich oder standesamtlich, wird von Freunden, Bekannten oder Kollegen Spalier gestanden. Oft handelt es sich dabei um eine Gruppe, die ein gemeinsames Hobby betreibt. Dies kann der Chor, der Tennisverein, der Fußballverein sein. Die Freunde aus dem Tennisverein zum Beispiel nehmen ihre Tennisschläger und kreuzen sie über den Köpfen zu einem Dach. Gut behütet läuft das Brautpaar später darunter hindurch.

Reiskörner werfen

Dies ist einer der Hochzeitsbräuche, der dem Paar Fruchtbarkeit bringen soll. Die Reiskörner symbolisieren den Segen, der dem Brautpaar »nachgeworfen« wird. In der heutigen Zeit ist es unter Umständen etwas verpönt, vor der Kirche oder dem Standesamt Reis zu werfen, da Reis ein wichtiges Nahrungsmittel ist. Weniger anstößig ist in diesem Fall Konfetti, das allerdings nur bei schönem Wetter richtig zur Geltung kommt.

Brautschleier

Er wurde von den Christen als Symbol für die Jungfräulichkeit ernannt. Er sollte vor Geistern schützen und die Braut verstecken. Wurde er zufällig zerrissen, so hat dies Glück gebracht. Jeder Gast konnte sich in Form eines Schleierfetzens ein Stück Glück mit nach Hause nehmen.

Brautwagen aufhalten

In manchen Gegenden wird quer über den Weg, den das Brautpaar voraussichtlich nach der Trauung nimmt, ein Seil gespannt. Dieses Seil soll den Hochzeitswagen aufhalten, und das frisch vermählte Paar muss sich dann freikaufen. Auch hier waren wieder ursprünglich die Dämonen gemeint: Ihnen sollte der Weg versperrt werden. Das Geld soll der Dank für Freunde sein, dass sie den Weg frei- und die Dämonen fern halten.

Im Trend der HochZeit

Ringe

Wir bieten preisgünstige Ring-Gravuren.
Wir garantieren: Sie werden niemals Ihren Hochzeitstag oder den Namen Ihrer Frau vergessen!

Die übertragene Bedeutung des Kreises, zu dessen Merkmalen es gehört, keinen Anfangs- und keinen Endpunkt zu besitzen, also unendlich zu sein, gilt auch für Eheringe. Sie sollen auf die (hoffentlich) nie endende Beziehung hinweisen.

Schon gewusst?
Bei uns wird der Ehering am Ringfinger der rechten Hand getragen. Das geht auf den alten Glauben zurück, dass sich im Ringfinger eine Arterie befindet, auch Liebesader genannt, die direkt zum Herzen führt.

In anderen Ländern, wie zum Beispiel in der Schweiz und in Frankreich, wird der Ehering links getragen.

Brautkleid

Weiße Brautkleider wurden erst Ende des 17. Jahrhunderts getragen. Die Landbevölkerung jedoch trug bis ins 20. Jahrhundert dunkle Hochzeitskleider. Weiß gilt erst in der heutigen Zeit als Symbol für Reinheit, Unschuld, Demut und auch für Jungfräulichkeit.

Allgemein gilt: Die Garderobe der Hochzeitsgesellschaft sollte sich nach der Bekleidung des Brautpaares richten. Trägt die Braut kurz, so sollten die weiblichen Gäste ebenfalls kein langes Kleid wählen. Trägt die Braut einen Hut, so ist es angebracht, dies auch die weiblichen Gäste tun. Wird die Hochzeit eine Trachtenhochzeit, so ist ebenfalls von den Gästen entsprechende Kleidung gefordert.

Kleidung des Bräutigams

Cut und Stresemann können im Standesamt und bei der kirchlichen Trauung getragen werden, wenn diese morgens stattfinden. Frack und Smoking werden am späten Nachmittag angezogen. Die männlichen Gäste sollten sich ebenfalls danach richten. Zum Frack gehört eine weiße Schleife. Zum Smoking trägt man ein weißes Smokinghemd und eine schwarze Fliege.

*Glücks*Bote

Hochzeitsausgabe

Damit gelingt, wovon Sie träumen: Himmlische Zahlen künftiger Lottogewinne
21. 15. 20 02 13.10 Uhr

Gesundheit, Glück und Zufriedenheit wünscht den frisch gebackenen Eheleuten: die Hochzeitszeitungsredaktion.

Schleierklau

Heute Abend gegen 24 Uhr wurde der Schleier der Braut entwendet. Eine Horde wilder junger Mädchen entriss ihn der weiß gekleideten jungen Frau und verteilte Stücke davon unter die tosende Menge. Da die Braut mittlerweile jedoch »unter der Haube« steckt, benötigt sie ab sofort keinen Ersatzschleier mehr, sondern eine Ersatzhaube.

Kummerbund

Kaschiert kleine Unebenheiten im Bauchbereich. Äußerst praktisch für den unsportlichen oder reiferen Herrn. Auch sinnvoll beim Tragen der Braut über Schwellen, vermeidet Leistenbrüche und ähnliche Verletzungen.

Strumpfband

Einzelne Restposten an Strumpfbändern billig abzugeben. Bestens geeignet zur Versteigerung während eigener und fremder Hochzeiten.

Brautschuhe

Wir bieten an:
Brautschuhe mit eingebautem Geldfach. So vermeiden Sie lästige und schmerzhafte Blasen durch ständiges Auftreten auf Ihren Hochzeitspfennig. Wahlweise im rechten oder linken Schuh vorgesehen. Wir nehmen Ihre Pfennige oder Cents in Zahlung.

Durch die Blume gesprochen

Es würde etwas fehlen bei einer Hochzeitsfeier ohne Blumenschmuck. Üppige Gebinde auf Tischen, Hochzeitskutschen oder Autos vermitteln Freude und Festtagsstimmung, ganz zu schweigen von den Blumen, die im Brautstrauß oder als Streublüten verwendet werden.

Das ist sicher Grund genug, um mit Zeichnungen oder Fotos von Blumen mindestens eine Seite der Hochzeitszeitung zu gestalten, denn es gibt Blumen, die eine besondere Bedeutung besitzen oder die traditionell zu einer Hochzeit dazugehören. Diese können Sie abbilden und dazu beziehungsreiche Sätze über ihren Symbolwert hinzufügen.

Rose

Keine Blume hat es bisher geschafft, die Rose von ihrem Platz als Liebesblume Nummer Eins zu vertreiben. Bereits die Griechen hatten sie der Aphrodite geweiht und auch der römische Liebesgott schmückte sich mit ihr. Im Brautstrauß kann sie verschiedene Bedeutungen besitzen.
Eine einzelne rote Rose heißt: »Du bist mein Ein und Alles.«
Eine weiße Rose sagt: »Ich kann mir ein Leben ohne dich nicht vorstellen.«
Mehrere kleine hellrote Rosen bedeuten: »Ich danke dir für deine Liebe.«
Und drei tiefrote Rosen erzählen: »Ich bete dich an!«

Nelke

Üppig sehen Gebinde aus Nelken aus. Kombiniert wird diese haltbare Schnittblume oft mit Iris oder kleinblütigen Chrysanthemen. Nelken sind Blumen für Frauen. Im Brautstrauß zeigen sie, dass auch die Braut ihren Mann liebt. Auf diese Bedeutung zurückgehend, ist auch die rote Nelke im Knopfloch des Bräutigams zu verstehen.

Maiglöckchen

Sie gehören zu den gefragtesten Brautstraußblumen: Maiglöckchen. Vielleicht liegt es an ihrem Duft, an ihren zarten Blütenkelchen oder an ihrer Bedeutung. Maiglöckchen verheißen nämlich Glück und Tugend. Mit

Tugend ist hierbei auch Treue gemeint. Und die gilt nach wie vor auch heutzutage für die meisten Eheleute als Voraussetzung für eine glückliche Gemeinschaft.

Chrysantheme

Wie die Wicken stehen auch die Chrysanthemen für Freude und Vergnügen. Die Blume selbst ist jedoch überaus zart besaitet. Sobald sie angestoßen wird, verliert sie einige ihrer Blütenblätter. In Hochzeitsgebinden wirken die großen Blütenteller als bestimmende Farbelemente.

Lilie

Weiße Lilien stehen für Reinheit und Unschuld. Auch Sanftmut und Bescheidenheit werden mit Lilien verbunden. Je nachdem, welche Blumen sich noch im Brautstrauß befinden – Mimosen und Kakteenblüten vielleicht –, könnten sich interessante Kombinationen ergeben.

Jasmin

»Königin der Nacht« wird sie auch genannt, die Blume, die symbolisch für ewige Freundschaft und Liebe steht. Zu ihrem zweiten Namen kam sie, weil sie intensive Düfte nach Sonnenuntergang entfaltet. Jasminblüten, kombiniert mit Maiglöckchen und weißen Rosen, ergeben ein besonders zartes Festgebinde, das außerdem noch die klassischen Hochzeitsfarben Weiß und Grün aufweist.

Levkoje

»Wer sollte dich nicht lieben, da du so jugendlich wie Hebe, so liebreizend wie Venus bist?«, schrieb Anfang des 19. Jahrhunderts Richard von Helmhorst zur Bedeutung der Levkoje in einem Buch unter dem schlichten Titel: »Neueste Blumensprache«. Welch hübsches Kompliment, das da, sozusagen nur für Eingeweihte verständlich, mit in den Brautstrauß eingebunden wird. Levkojen kommen eigentlich aus dem Bauerngarten. Sie werden gern in frühsommerlichen Festdekorationen verwendet.

Calla

»Glück und langes Leben« verheißt die langstielige Calla. Durch ihre außergewöhnliche Form wird sie nur in edel wirkenden Gebinden verwendet. Sie passt zu einer Hochzeit im Biedermeierstil mit weich fließendem Samt, aufwändig gedrehten Kordeln und Perlen.

Veilchen und Vergissmeinnicht

Als Gedenkblümchen werden diese kleinen Blumen seit der Romantik vor allem in Brautsträuße eingeflochten. Vor allem das Vergissmeinnicht sollte den Bräutigam für immer in Gedanken an seine Frau binden. Das Vergissmeinnicht und auch das Veilchen sind sehr zarte Blumen, so dass sie als Sinnbild für gegenseitigen Respekt und Aufmerksamkeit in der Ehe stehen.

Es ist angerichtet

Essen und Liebe

Essen und Liebe sind Begriffe, die seit jeher eng miteinander verknüpft sind. Nicht umsonst heißt es: »Liebe geht durch den Magen«. Und nicht selten beginnt eine Romanze mit einem romantischen Abendessen oder Picknick. Die Sinne werden beim Essen geschärft und man öffnet sich leichter seinem Gegenüber. Zahlreiche Liebeserklärungen und Heiratsanträge wurden bei einem gemeinsamen Essen gemacht. Dieses bietet den passenden Rahmen für das Anliegen und lässt die notwendige Stimmung aufkommen.

Ebenfalls den passenden Rahmen für wohl gemeinte Tipps, kleine Frotzeleien und freundschaftliche Mitteilungen gibt die »Kochseite« in der Hochzeitzeitung. Als Rezept getarnt, lassen sich witzige Meldungen mit Bezug auf Freunde, Verwandte oder das Brautpaar übermitteln. Hinweise auf tatsächliche Bräuche und Gepflogenheiten können den Beitrag abrunden und Anspielungen auf anregende Genussmittel die ganze Sache würzen. Mittlerweile gibt es zahlreiche Kochbücher über luststeigernde Gerichte, besorgen Sie sich ein solches Kochbuch und ergänzen Sie die Hochzeitszeitung mit diesen Tipps. Das Brautpaar wird es Ihnen danken!

Auch die – nicht ganz ernst gemeinte – Gebrauchsanleitung »Wie bringe ich das Frühstück ans Bett« wird Wohlgefallen bei den Brautleuten auslösen. Kombiniert mit einem passenden Geschenk, wie einem Frühstückstablett, wird der Bezug zu der Anleitung in der Hochzeitszeitung hergestellt.

Liebe und Gaumenfreuden

In den Hochzeitsritualen ist das Essen ein wichtiger Teil der Liebeswerbung. Ist der Magen bedient, dann ist eines der elementaren Bedürfnisse erfüllt. Nun hat man Zeit, sich auch anderen schönen Dingen zu widmen.

In Österreich musste früher ein Bräutigam seiner Braut aufschneiden, das heißt, er musste das Essen so aufbereiten (schneiden), dass seine Braut es bequem essen konnte. Deshalb nannte man die Verehrer der Frauen Aufschneider. Mit dem »Aufschneiden« bewies der Bräutigam, dass er seine zukünftige Frau ernähren kann.

Die Brautsuppe gab es früher bei bäuerlichen Hochzeiten. Sie bestand meist aus Hühnersuppe, es gab jedoch auch andere Rezepte. Das gemeinsame Essen der Suppe vor der Trauung galt als Zeichen für den Eintritt in eine neue Lebensgemeinschaft. Auch heute noch wird manchmal die Brautsuppe vor der Trauung im Hause der Braut angeboten.

Brot und Salz, einst sehr kostbar, sollen beim Einzug in die neue Wohnung ein Symbol sein für den Wunsch, dass der Wohlstand nie ausgehen möge.

Liebe geht durch den Magen

Kochrezepte für das Brautpaar

Für Ihn
Man nehme:
ein gutes abgehangenes Stück ...,
würze es mit ...,
schmecke es ab mit ...
und brühe es kurz ab.

Für Sie
Man nehme:
1 armes Würstchen
$1/2$ Beinscheibe, gut abgehangen, Marke Radlerwade
$1/4$ lockere Zunge in Aspik (eventuell gespalten oder spitz)

Für beide
▶ Ganzer Hai im Spinatbett
▶ Ameisen-Schienbeine in Trüffel-Sahne-Sauce

Menüvorschläge für zwei
▶ Henkersmahlzeit
▶ Fertig-mach-Suppe
▶ Flitterwochen-Catering
▶ Aphrodisiakum
(Essen für eine Flitterwoche, vorgekocht von Susi Boccuze)

Kochrezepte eignen sich durchaus als »würzige« Beilage für eine Hochzeitszeitung. Dabei können Sie sowohl »echte« als auch verfremdete Rezepte aufnehmen. Die auf das Brautpaar umgeschriebenen Kochanleitungen sind natürlich nicht ganz ernst gemeint und in ihrer vollen Bedeutung nur für »Insider« zu verstehen – also genau der richtige Beitrag für einen Mitarbeiter, der sich durch seine spitze Zunge auszeichnet. Soll er seine Einfälle diesmal auf seine spitze Feder übertragen.

▶ Gut geeignet ist ein Kochrezept, um eine Person zu beschreiben. Dabei kann es sich um die Lieblingsspeise oder aber um eine treffende Darstellung der Hauptperson handeln. Sollte der Bräutigam beispielsweise unter kalten Füßen leiden, könnte man ihm beispielsweise das Rezept für die Zubereitung eines »Eisbeins« widmen. Um die Anleitung möglichst stilgetreu wiederzugeben, ist es angebracht, sich ein Kochbuch vorzunehmen und sich in die »Rezeptsprache« einzulesen.

▶ Daneben ist es auch möglich, ein »echtes« Kochrezept zu wählen, das sich zum Nachkochen eignet. In diesem Fall brauchen Sie nur den Titel zu ändern oder durch gezielte Wahl der Speisen Ihre Meinung zu äußern. Wie wäre es zum Beispiel mit: »Toller Hecht in Sahnesoße« oder »Schmelzender Rehblick auf Rosenkohlblättern«?

Eine Variante dieser Möglichkeit besteht darin, während der Feier alle Anwesenden zu bitten, ein ihnen bekanntes Kochrezept für das Brautpaar aus dem Kopf spontan aufzuschreiben. Halten Sie hierfür in der Hochzeitszeitung einige Seiten frei, die Sie eventuell vorher mit passenden Zeichnungen oder Fotos bebildern. Sollten sich die Gäste nicht mehr ganz sicher über die Rezeptur oder die Mengenangaben sein, so kann selbstverständlich für Rückfragen die Adresse angegeben werden. Die Gäste können darauf hinweisen, dass sie gerne beim Essen und Kochen dabei sind, oder vorschlagen, dass sie die »Versuchsküche« zu diesem Rezept bei sich zu Hause eröffnen.

Menü

Menü 1
Flitterwochen-Catering

Vorspeise
Artischockenherzen im Schleier
5-Minuten-Terrine (für Eilige)
oder Hochzeitssuppe
(für Eheleute mit mehr Zeit)

Hauptgang
Bra(u)tfisch mit gekochten Pantoffeln
Brautstrausseneier,
hart gekocht mit Remoulade
(R)ehebraten mit Pilzen und Knödeln
Heringe auf Mangold
in Weißweinsoße,
wahlweise auch
Tintenfischringe auf Zitronenbett
Kalbslieber im Frack auf Broccolieb
Putenbraut auf Reis mit Liebstöckel
Heiratsantrag mit Rührei und Porree
Rosenkohl mit Blumenkohlstrauss
Hochzeitsspinacht im Weckmantel
Bundnudeln fürs Leben

Nachtisch
Treuami Su
Bra(u)täpfel mit Marzipan
Kirchkuchen ohne Steine

Menü 2
Henkersmahlzeit
(eventuell erst bei
der Silberhochzeit
aufzutischen)

Vorspeise
Miesmuscheln und Aussteuern
im eigenen Sud
getraute Kapern im Hochzeitskleid

Hauptgang
Pikanter Polterputer mit Rösti
Angemachte Nudeln mit Zwiebelei
Blasiertes Lamm auf Rucola
Motzarella und Mackeroni mit
Insalta Macho

Nachtisch
Feige in Wermut
Schlafkäseauswahl
Alimente mit Pflaumen in Portwein

Gerührt und geschüttelt

Drinks und Cocktails sind ein weiteres Mittel, eine Beziehung zwischen zwei Menschen zu beschreiben oder einen Menschen zu charakterisieren. Auch besondere Vorlieben des Brautpaares können von Ihnen so auf originelle Weise eingearbeitet werden.

Soll eine Beziehung charakterisiert werden, wählt man Drinks mit Bezeichnungen wie »prickelnd«, »gemixt« oder eventuell sogar »geeist«. Ein Mensch, der lange an einem Drink nippt oder ausschweifend erzählt, kann zum Beispiel als Longdrink beschrieben werden.

Ein schlanker Mensch bekommt ein Rezept für einen Flachmann. Eine frisch gebackene Ehefrau, die einen Mann geheiratet hat, der sehr viel unterwegs ist, wird ein Rezept für den Drink »Grüne Witwe« erhalten. Ein Anti-Alkoholiker könnte als Milchgetränk dargestellt werden. Ein »Shake« oder »Flip« bietet sich für einen nervösen, zappeligen Menschen an.

Sie können sich für die Getränke auch eigene Bezeichnungen ausdenken oder bekannte Drink-Namen verändern. So wird aus einer »Bloody Mary« beispielsweise eine »Bloody Suzi«.

Adonis

2 kg Hirnschmalz
1 Flasche halbtrockenen Nordfriesen; Prädikat »besonders wertvoll« direkt aus dem Fitnessstudio
1/4 l Trägheit
2 Fünkchen Ehrgeiz
4 Würfel Eis-Hockey, gecrusht
5 Portionen Gutmütigkeit
1/2 Fl.oz Seewasser
0,5 ml Fahrradöl

Mixed-Pickles-Shake

1 Glas Mixed Pickles oder Gurken
1 Flasche Bier (Weizenbier, Pils usw.)

Man fische die Gurken oder Mixed Pickles aus dem Glas, verbleibende Senfkörner und Gewürze können in den Drink eingearbeitet oder als Garnitur verwendet werden. Dann schütte man langsam das Bier nach. Den Deckel fest auf das Glas schrauben und alles schütteln, bis der Inhalt schäumt.

Hot Marie

1 Flasche humorvolle »Hessin«, extra brut
200 g süße Früchtchen
1 Dose Putzsucht
3 große Tuben Ehrgeiz
1/6 Stück Nordfriesenliebe
5 cl versetzter Wein
1 Prise Ordentlichkeit

Zu beachten: Beim Mixen dieses Drinks sorge man für ausreichenden Kleiderschutz und genieße ihn dann mit Vorsicht.

Wedding-Bells-Cocktail

1 Bund Brautstrauß, klein gehackt
1 Magnum Flasche Champagner

Als Aperitif oder Digestif genossen, wird Ihnen Hören und Sehen vergehen!

Liberty Cocktail

1 Stück Würfelzucker
2 cl Wodka
2 cl Rum
2 cl Whiskey
1 Knoblauchzehe

Sämtliche Zutaten im Shaker kräftig schütteln, in ein großes Becherglas abseihen und ausgedrückte Knoblauchzehen hinzugeben. Es wird Sie garantiert niemand mehr ansprechen, dafür werden sich Ihnen völlig neue Freiräume eröffnen.

WeinKarte

Die etwas andere Gästeliste: Es geht bei dieser Weinkarte zwar auch um edle Tropfen, aber um solche, die als Tränen fließen. Jeder, der etwas »Schmerzliches« über Braut und Bräutigam zu berichten weiß, kann sich in dieser Liste mit einem launigen Spruch verewigen.

Lieber Bräutigam!
Ich war deine Trauerzeugin,
aber ich war es gerne.
Marlene M.

Liebe Braut!
Nun bist du also für die Männerwelt verloren – wie schade!
Ein anonymer Verehrer

Aufgrund der Hochzeit von Susi und Lothar habe ich kurzfristig mein Sortiment ändern müssen: Ab sofort kann ich keine Zigaretten, Six-Packs und »Playboys« mehr verkaufen. Ersatzweise biete ich nun Lotterielose, Kaugummis und Comics an.
Der Kiosk an der Ecke Sophienstraße

Wir waren ein guter Jahrgang, voll ausgereift, lebendig, harmonisch mit einem kräftigen, vollmundigen Körper. Manche von uns haben sich gehaltvoll entwickelt, andere sind fruchtig, samtig geworden.
Es gibt kernige und elegante Sortierungen.
In der Ehe ist es wie mit dem Wein, man sollte ihn nie ganz austrinken.
Und stets sollte man ein paar gute Tropfen im Keller haben.
Deine Schulkameradinnen , F.-E.-Gymnasium

Widder (21. 3. – 20. 4)

Geschwant hat es Ihnen schon lange, was Ihnen heute blüht. Nur dass es eine ... (entsprechendes Sternzeichen eintragen) werden würde, war Ihnen bisher nicht so klar. Bitte schnauben Sie sie nur in begründeten Ausnahmefällen an und nehmen Sie sie nicht auf die Hörner.

Stier (21. 4. – 20. 5.)

Passen Sie auf, dass Ihr Temperament nicht mit Ihnen durchgeht. Wenn Sie unbedingt mit dem Kopf durch die Wand müssen, nehmen Sie doch bitte eine aus Glas.

Zwillinge (21. 5. – 21. 6.)

Wer Sie will, bekommt oft zwei von Ihrer Sorte. Zurzeit weiß Ihre bessere Hälfte nicht, was die schlechtere tut.

Krebs (22. 6. – 22. 7.)

Gehen Sie diesmal nicht rückwärts, sondern mutig nach vorn.

Löwe (23. 7. – 23. 8.)

Sie haben Ihre Beute erjagt. Führen Sie Ihre Braut zum Altar. Und stecken Sie Ihr Revier neu ab, es werden Nebenbuhler auftauchen.

Jungfrau (24. 8. – 23. 9.)

Ab heute hat das ein Ende. Viel Spaß!

Waage (24. 9. – 23. 10.)

Wagen Sie es! Werfen Sie alles in eine Waagschale und heiraten Sie. Auf dass Sie aus dem Gleichgewicht geraten!

Skorpion (24. 10. – 22. 11.)

Heiraten Sie sofort. Am besten eine ...*

Schütze (23. 11.–21. 12.)

Werfen Sie Ihre Flinte nicht ins Korn, sondern führen Sie Ihre Schützenkönigin zum Traualtar.

Steinbock (22. 12. – 20. 1.)

Diesmal wird es kein entschiedenes »Vielleicht« geben. Auch ein »Jein« käme heute überhaupt nicht gut.

Wassermann (21. 1. – 19. 2)

Sie haben Ihre Wasserfrau gepackt, um an Land zu gehen und viele kleine Wasserkinder in die Welt zu setzen. Die Zeit dafür ist günstig, denn die Konkurrenten fischen gerade im Trüben.

Fische (20. 2. – 20. 3.)

Ein Fischstäbchen, welches Sie schon länger kennen, wird heute anbeißen. Hauen Sie es nicht in die Pfanne und frieren Sie es auch nicht ein. Angeln Sie es sich und schwimmen Sie schnurstracks zum Standesamt

*(entsprechendes Sternzeichen eintragen)

Spielerisches

Blick in die Zukunft

Die meisten Menschen leugnen, Horoskope zu lesen. Fast alle tun sie es dennoch – heimlich. Die meisten behaupten auch, an Horoskope nicht zu glauben. Aber das Sternzeichen spielt für sie trotzdem eine Rolle. »Der ist typisch Stier«, sagen selbst Leute, die kurz vorher stur behauptet haben, dass Horoskope Unsinn sind. Außerdem kennt fast jeder jemanden, der »typisch Waage« oder »typisch Fisch« ist.

Genau aus diesen Gründen – weil offensichtlich fast alle sie lesen und sich köstlich dabei amüsieren – eignen sich Horoskope hervorragend für eine Hochzeitszeitung.

Für Ihren Horoskopbeitrag können Sie zwischen einer aktuellen Tages- oder Monatsvorhersage wählen. Oder Sie fertigen eine allgemeine Tierkreis-zeichen-Beschreibung an, bei der auf den Charakter des jeweiligen Menschen eingegangen wird und besondere Eigenheiten des Sternzeichens her-ausgestellt werden.

Tipp: Es gibt neben dem uns geläufigen Tierkreiszeichenhoroskop noch wei-tere interessante Möglichkeiten der Schicksalsdeutung, wie zum Beispiel das chinesische Horoskop, das indianische oder das ägyptische Horoskop.

Gewöhnlich werden Ereignisse für einen gewissen Zeitraum (Tag, Woche, Jahr) vorhergesagt. Dies kann auf humorvolle oder auf ernste Weise ge-schehen. Für eine Hochzeitszeitung ist natürlich die lustige Variante ge-eignet. Dabei kann man dann Themen wie Liebe, Gesundheit, Beruf oder Geld ansprechen. Beliebt sind auch Beziehungshoroskope. Dort wird auf das mehr oder weniger gute Zusammenpassen von Sternzeichen eingegangen.

Sind Sie reif für die Ehe?

Psychotests können in vielfältigen Abwandlungen für die verschiedensten Anlässe – nicht nur für Hochzeitszeitungen – eingesetzt werden. Wählen Sie für einen Test ein witziges Thema. Auch die Auflösung sollte klar erkennen lassen, dass es nicht darum geht, jemanden zu entlarven oder sich über ihn lustig zu machen. Um sich mit der Frageart beziehungsweise der Darstellung solcher Tests vertraut zu machen, ist es empfehlenswert, vorher Illustrierte zu wälzen und sich möglichst unterschiedliche Testarten anzusehen.

Eine weitere, hier aber nicht gezeigte Variante, ist der Intelligenztest. Sie können Mustertests aus Büchern entnehmen und entsprechend abwandeln. Die Fragen sollten in jedem Fall witzig oder als Nonsenstexte formuliert werden, damit die Lösung des Tests nicht ernst genommen werden kann.

Aufbau

Es gibt die Möglichkeit, Fragen zu stellen, die entweder mit »Ja« oder mit »Nein« beantwortet werden müssen. Am Ende des Tests zählt man die »Jas« (einen Punkt) und »Neins« (2 Punkte) zusammen. Die Auswertung ergibt sich aus der Punktezahl. Die einzelnen Fragetexte kann man miteinander zu einer Antwort kombinieren, die lustig, aber nicht unbedingt logisch sein muss. Sie können auch eine Frage stellen, und mehrere Antworten zur Auswahl vorgeben. Die Auswertung, die nicht ernst gemeint ist, bezieht sich auf die Fragen und bildet eine Art geschickte Zusammenfassung. Aus der Auswertung ergibt sich ein bestimmter Typ (A–D), nach den vorgegebenen Antworten (a–d). Dabei kann man als Ergebnis den meist gewählten Antwortbuchstaben nehmen oder eine Punktzahl für den Antwortbuchstaben vergeben. Die Auswertung kann eine Zusammenfassung der Fragen sein. So ist zum Beispiel ein C-Typ eine Zusammenfassung aller C-Antworten.

Vorgehensweise

▶ Fertigen Sie sich eine Stichwortliste an mit allen Begriffen, die Ihnen zum Thema Hochzeit sowie Braut und Bräutigam einfallen. Das können beispielsweise Lieblingsschauspieler, Sänger oder Hobbys der beiden sein. Auch Personen aus dem nächsten Bekannten- und Verwandtenkreis können in den »Psychotest« eingearbeitet werden.
▶ Entwickeln Sie daraus die Fragen.
▶ Suchen Sie die passenden Antworten.
▶ Legen Sie die Art der Auswertung fest, indem Sie die Stichworte der Fragen und Antworten aus dem Text zusammenfassen.

15–23 Punkte: Typ A

Sie gehören zu Typ A! Sie sollten sofort heiraten, und zwar einen stubenreinen Trickdieb, Sternzeichen ..., gebildet wie ... (Lieblingsautor), mit einer Figur wie ... (Lieblingsmodel) und einer Stimme wie ... (Lieblingssänger). Sie haben ein Doppelherz und vergessen die Zahnbürste, wenn Mama und Papa weg sind!

4–14 Punkte: Typ B

Sie gehören zu Typ B! Sie sollten einen Assoziationskurs besuchen. Ihr Partner ist warm, Müllwerker und deshalb ein Stinktier. Kein Wunder, dass Sie glauben, dass man vom Heiraten irre wird. Aber denken Sie nicht, dass die Zeche von den Anonymen Alkoholikern bezahlt wird, weil Sie stockbesoffen sind!

0–3 Punkte: Typ C

Sie gehören zu Typ C! Sie verwechseln Audienz und Impotenz, denn eigentlich halten Sie sich für den Papst. Eine Heirat kommt für Sie aus Gewissensgründen nicht in Betracht. Dafür gibt es Punktabzug.

Auswertung

	A	B	C	D	Summe
1	4	0	-1		
2	4	2	3		
3	0	0	0	2	
4	5	5	0		
5	0	5	0		
6	5	5	4	1	
7	5	0	-1	-2	
8	0	5	0		
9	2	2	-1		
10	0	5	0		
			Summe		

Der Test:

Sind Sie reif für die Ehe?

Ein Psychotest für angehende Ehepaare und solche, die es werden wollen. Bitte beantworten Sie die Fragen, nachdem Sie sie durchgelesen haben. Wählen Sie immer nur die Antwort, die Ihrer Meinung am meisten entspricht.

1. Was assoziieren Sie mit dem Wort EHE?

a je EHEr, desto besser
b Errare Humanum Est
c Was ist EHE? Und was heißt »assoziieren«?

2. Welche Erwartungen setzen Sie in Ihren Partner?

a pflegeleicht, umtauschbar, stubenrein
b jung, dynamisch, erfolgreich
c weich, warm, kuschelig

3. Wählen Sie den Beruf Ihres Traumpartners aus:

a Müllwerker/in
b Trickdieb/in
c Papst/Päpstin
d Handy-Telefonist/in

4. Unter welchem Sternzeichen sollte Ihr/e Traumpartner/in auf keinen Fall geboren sein?

a ...... (Sternzeichen Bräutigam)
b ...... (Sternzeichen Braut)
c Stinktier

5. Nach welchen Gesichtspunkten haben Sie Ihre Gästeliste für die Hochzeit zusammengestellt?

a Einkommen (entspricht dem Geschenkwert)
b Sexappeal
c Sommersprossen

6. Welche Persönlichkeiten hätten Sie gern zu Ihrer Hochzeit eingeladen?

a ...... Lieblingsautoren (Braut/Bräutigam)
b ...... Lieblingsmodels (Bräutigam)
c ...... Lieblingssportler (Braut)
d ...... Lieblingssänger/innen (Braut/Bräutigam)

7. Wie reagieren Sie auf Geschenke, die Ihnen überhaupt nicht gefallen?

a Keep smiling
b Umtauschen
c Zurückschenken
d Umweltgerecht entsorgen

8. Wie gedenken Sie, die Hochzeitsnacht zu verbringen?

a getrennt
b liegend
c stockbesoffen

9. Worauf wollen Sie dabei am wenigsten verzichten?

a Sellerie, heißen Kaffee, Doppelherz
b Lockenwickler, Zahnbürste, Gurkenmaske
c Mama, Papa, Ex

10. Wer bezahlt die Zeche?

a Die Anonymen Alkoholiker
b Das Heiratsinstitut
c Das Sozialamt

Der Eheratgeber

Mit den Schildern, Auf-
klebern und Anleitungen
dieser Seite lässt sich ein
ganzes Kapitel der Hoch-
zeitszeitung gestalten. Sie
können die Beiträge aber
auch zur Auflockerung einzelner Seiten verwenden
und sie über die gesamte
Zeitung verteilen.

Unter dieser Rubrik können Sie viele kleine Beiträge sammeln, die von verschiedenen Mitarbeitern geliefert werden. Ausgehend von der Idee, den
Brautleuten höchst unernste Ratschläge für ein harmonisches Zusammenleben zu geben, finden sich auf dieser Seite beispielsweise eine Gebrauchsanweisung für den Bräutigam, eine Waschanleitung für die Braut und ein
Garantieschein für die Ehe.

Eine weitere Idee ist ein vorgefertigtes Entschuldigungsschreiben, in das
einer der Eheleute je nach Bedarf Erklärungen, Begründungen oder Aus-
reden einsetzen kann, für die ebenfalls eine Vorschlagsliste angefertigt wird.
Schön ist auch eine Urkunde für besondere Leistungen – sei es beim Ein-
kaufen, Autowaschen oder Brötchenholen. Einer der Partner kann dem
anderen diese »Auszeichnung« verleihen. Auch Strichcodierungen, Re-
cyclingzeichen und Straßenschilder können passend zur Hochzeit ver-
fremdet werden. Aus den verschiedenen Verkehrszeichen lässt sich beispielsweise ein ganz besonderer »Ehefahrplan« zusammenstellen.

Sicher fallen Ihnen noch weitere Verfremdungsmöglichkeiten alltäglicher
Vordrucke, Embleme und Schilder ein. Damit die verschiedenen Beiträge gut
zur Geltung kommen, ist es wichtig, die einzelnen Formulare oder Zeichen
möglichst originalgetreu abzubilden.

Wenn Sie diesen Spruch
auf eine Selbstklebefolie
kopieren, kann die Braut
ihn abziehen und als Auf-
kleber verwenden. Andern-
falls müsste sie ihn aus-
schneiden und mit selbst-
klebender Klarsichtfolie
überziehen.

Ob Waschanleitung,
Gebrauchsanweisung oder
Garantieschein – nehmen
Sie eine echte Vorlage zur
Hand, um einen in Auf-
machung und Sprache
dem Original nachempfun-
denen Beitrag zu erhalten.

Waschanleitung

 100% zärtliches Gewebe

 Nur Feinwäsche (auch hinter
den Ohren und am Hals!)

 Nicht zum Trocknen in die
pralle Sonne legen.

 Nicht Heißmangeln.

 Vor dem Waschen alle
Knöpfe entfernen.

 Achtung: kann weg- oder
einlaufen.

 Nicht zu fest ausdrücken.

 Nicht knautschen, aber
knutschen!

 Ab und zu stärken.

GARANTIESCHEIN
75
Jahre

Garantiedauer: Für diese Braut leisten wir
lebenslange Garantie – mindestens jedoch
für 75 Jahre – für alle Mängel, die auf Ge-
burts- oder Materialfehler zurückzuführen
sind. Die Garantie beginnt mit dem Tag der
Übergabe durch den Brautvater an den
Bräutigam und wird nur bei Vorlage eines
gültigen Eheringes gewährt. Weitergehende
Ansprüche bestehen.

Garantieleistung: Achtung: Umtausch oder
Reparatur ohne Heiratsurkunde nicht möglich. Die Garantieleistung gilt nur gegenüber dem Inhaber der Urkunde. Es wird
kein Ersatz geleistet.

Die Garantie gilt nicht bei:
• mangelnder Pflege und Sorgfalt,
• falscher Wartung und Verpflegung,
• unsachgemäßer Lagerung.
• Bitte beachten: Bei Anlegen von zu hoher
Spannung können Aussetzfehler auftreten.

Nach 25 Jahren störungsfreiem Einsatz gibt
es die erste Treueprämie.

Der schönste Tag

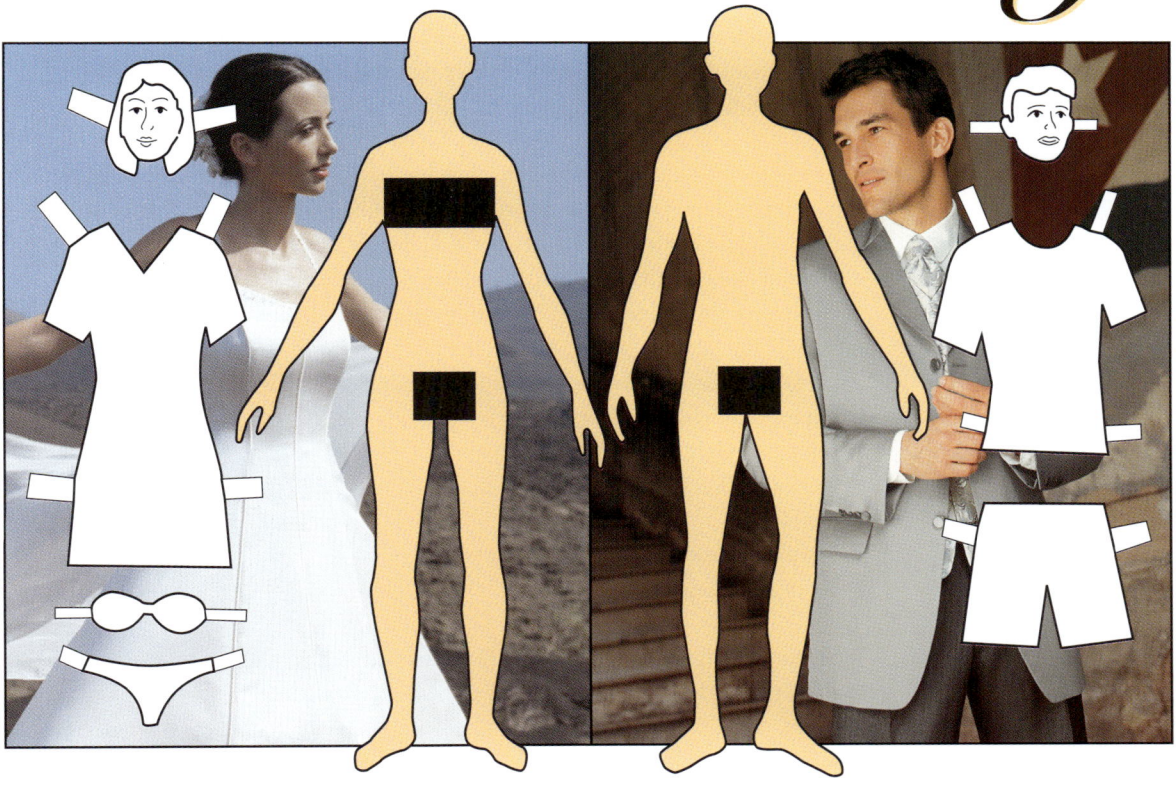

Anziehpuppen: Der Bastelbogen für modebewusste Ehepaare. Kopieren Sie die männliche und weibliche Grundfigur und erfinden Sie Kleidungsstücke für sie. Auf diese Weise können Sie Braut und Bräutigam zeigen, in welchem Outfit Sie die beiden zu sehen wünschen. Oder Sie beziehen sich auf bestimmte Kleidungsstücke, mit denen sich ein Ereignis verbindet, und erzählen so eine kleine Anekdote aus dem Leben der frisch Angetrauten.

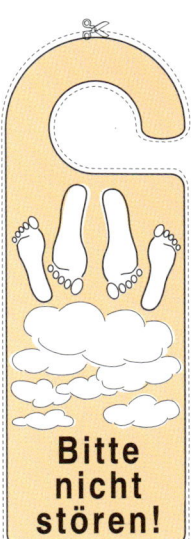

Bitte nicht stören!

Jeder kennt sie, die Türschilder in den Hotels, die signalisieren, dass das Hotelzimmer frei ist und gereinigt werden kann oder dass die Gäste nicht gestört werden wollen, weil Sie schlafen.

Das junge Ehepaar erhält natürlich ein Spezialschild, damit während der Flitterwochen besonders Rücksicht genommen wird. Als erklärende Zeichnung können Sie sämtliche Hochzeitsmotive verwenden wie Herzen und Ringe, aber auch einen Berg abgelegter Kleider oder Störche.

Liebe Braut! Bitte lesen Sie folgende Gebrauchsinformation aufmerksam durch, weil sie wichtige Informationen darüber enthält, was Sie bei der Anwendung Ihres Partners beachten sollten. Wenden Sie sich bei Fragen an Ihre Schwiegermutter oder an Ihre beste Freundin.

Gebrauchsinformation

TOBIAS-*forte*

Zusammensetzung
Bestandteile: Humor, Liebenswürzigkeit, Sportlichkeit, Zärtlichkeit

Darreichungsform
Nehmen Sie kleine Dosen Tobias-forte nach Bedarf bis zu fünfmal täglich ein.

Anwendungsgebiete
Liebeskummer, Herzschmerz und Heimweh.

Gegenanzeigen/Wechselwirkungen
Verhindert Ärger und Streit. Bei Langzeitanwendung wirkt es lebensverlängernd.

Nebenwirkungen
Es kann zu Schwangerschaften kommen.

Haltbarkeit
Ein Verfallsdatum von Tobias-forte ist nicht bekannt. Achten Sie darauf, dass Tobias-forte stets leicht zugänglich aufbewahrt wird.

Auch hier empfiehlt es sich, anhand eines echten Beipackzettels eines Medikamentes die Anwendungshinweise sowie die Warnungen vor Nebenwirkungen zu formulieren.

Kleingedrucktes

Kleinanzeigen gibt es für nahezu alle Lebensbereiche. Für jeden Anlass und
für fast jedes Problem findet sich hier jemand, der etwas sucht, anbietet
oder einfach nur mitteilen möchte.

Mithilfe von fingierten Anzeigen, welche die Interessen und Hobbys des
Brautpaares beschreiben, kann man die Hochzeitszeitung geschickt auf-
lockern. Vorteilhaft ist zum Beispiel, dass sich mit Kleinanzeigen Lücken auf
einzelnen Seiten füllen lassen. Wenn Sie möchten, können Sie den kleinen
Meldungen auch eine spezielle Seite widmen.

Am einfachsten finden Sie passende Unterteilungen, wenn Sie sich an die
gängigen Rubriken halten.
▶ Gesucht/Gefunden
▶ Verkaufe/Verschenke
▶ Verloren
▶ Vermietungen/Immobilien usw.
▶ Kontaktanzeigen

Jetzt benötigen Sie nur noch die Texte für die Anzeigen. Gut geeignet sind
hierfür folgende Themen aus dem Leben der Brautleute:
▶ Tiere
▶ Computer
▶ Hobbys
▶ Autos
▶ Sport
▶ Reisen

Unsere Hochzeitszeitung
WerbeANZEIGER

Diese Ausgabe des beliebten WerbeAnzeigers enthält noch mehr als mehr supertolle Werbeanzeigen rund um das Thema der Themen: Die Liebe! Gleich ob Sie sich ein Nest bauen, dieses geräuschlos betreten, Ihrer Meinung mit einem geformten Stück Holz Nachdruck verleihen oder eine private Kontaktanzeige schalten oder lesen wollen, hier suchen oder inserieren Sie richtig! Selbstverständlich gilt für diese wie für sämtliche Beiträge, die sich mit Eigenschaften oder Vorlieben von Personen beschäftigen: Fingerspitzengefühl ist gefragt. Natürlich darf niemand durch Fotos oder Texte gekränkt, verletzt oder gar verleumdet werden. Nur das ist letztlich lustig, was auch den Beschriebenen zum Lachen bringt.

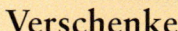

Bekanntschaften

Dr. der Physik, langjährige Berufserfahrung, weibl., 19 Jahre, Topfigur, sucht ehrlichen IHN.
Antworten bitte unter Kennwort »Model«.

Suche Geld – Mann kein Hindernis. Bitte Kopie des Kontoauszugs mitschicken.

Sponti mit Drang, total verrückte Dinge zu tun, will mit dir Weihnachtsplätzchen im Sommer backen, ganz spontan natürlich. Für Vorplanung, Festlegung der Strategie und Endplanung bitte Zuschriften unter Chiffre »Sponti«.

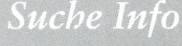

Mann, männl., 65–175–80, im Frack genauso attraktiv wie im Abendkleid, sucht Schneiderin, die mit ihm das Leben zuschneidet. Schnittbogen bitte an Chiffre 555.

Überzeugter Single sucht überzeugte Singelin, spätere Heirat nicht ausgeschlossen.

Gesucht

Geräuschlos arbeitender Hausschlüssel gesucht! Der Bräutigam

Suche Info

Wie viel Taschengeld ist angemessen für einen Mann?

Antwort bitte postlagernd.

Wer kann mir einen Tipp geben?
Was kann ich tun, wenn am Ende vom Haushaltsgeld noch so viel Monat übrig ist?
Zuschriften unter Chiffre 00122.

Hilfe! Kräftiger Träger gesucht, der mit mir zusammen meine Frau über die Schwelle hievt.
Tel. 01234-5678 ab 20 Uhr

Dienstleistungen

Erinnerungsdienst »Merk-Mal«
Vergessen auch Sie jedes Jahr wichtige Tage wie zum Beispiel den *Geburtstag Ihrer Frau* oder womöglich Ihren *Hochzeitstag*? Dem kann abgeholfen werden: Erinnerungsdienst »Merk-Mal«.

Wir rufen Sie rechtzeitig an und besorgen Ihnen sogar das dem Anlass entsprechende Geschenk.
☎ **(0123)456789**

Verkauf

Wieder im Angebot: Kopfgerechte Nudelhölzer für den unfühlbaren Schlag nach 24 Uhr. Ebenfalls vorrätig: Schaumstoff-Keulen sowie formschöne, weich gepolsterte Baseballschläger. **Waffen- und Jagdzubehör Hirschle**

Die Harmoniecard. Die Karte zum Glück. Doppelte Kontoführungsgebühren, halbe Rendite, nie mehr Streit ums Geld. Eröffnen Sie noch heute das Harmoniekonto bei Ihrer Banque de Wucher. Überm Tisch 5, 37691 Ausbeute

Verschenke

Gut erhaltenes Gräbele (Besucherritze), nur selten benutzt, in gute Hände abzugeben. Nur für Doppelbetten geeignet. Einzelheiten und Fotos unter Tel.: (0123)456789 (Bitte nur ernste Offerten)

Stummer Diener
zu verschenken.
(Habe guten Ersatz gefunden.)
Die Braut

Wohnung

Ich wohne ab sofort nicht mehr bei meinen Eltern, sondern jetzt bei meinem Mann. **Die Braut**

Wenn du denkst, du denkst...

H i n w e i s
**Bei Silben- und Kreuz-
worträtseln kann es helfen,
wenn Sie ein Scrabblespiel
zur Hand haben. Mit den
Einzelbuchstaben dieses
Spiels legen Sie Wörter aus
und üben sozusagen auf
dem »Trockenen« den
Ernstfall fürs Papier.**

Rätsel sind dankbare Beiträge für eine Hochzeitszeitung. Sie können ein
Kreuzworträtsel, ein Silbenrätsel oder ein Suchbild entwickeln, das während
der Feier gelöst werden muss. Einige der Rätsel enthalten Fragen zum Braut-
paar und nur, wer die frisch gebackenen Eheleute kennt, kann sie lösen.
Der positive Nebeneffekt dabei ist, dass sich zwischen wildfremden Leuten
Gespräche entwickeln, da jeder einen anderen Wissensstand hat. Diese
Rätsel sind dann sozusagen Ratespiele zum Kennenlernen.

Kreuzworträtsel

Denken Sie sich Fragen zum Hochzeitsfest und zum Brautpaar aus. Die Antwort ist ein einzelnes Wort und wird ausgelegt oder hingeschrieben. Dann
wird wie beim Scrabblespiel geprüft, ob das nächste Wort an einen Buchstaben des ersten Wortes »angelegt« werden kann. Sind alle Wörter untergebracht und gibt es keine Überschneidungen – die Sie natürlich noch verbes-
sern können –, überlegen Sie sich ein Lösungswort. Die Buchstaben dieses
Wortes suchen Sie sich aus den Antworten zusammen. Nun nummerieren
Sie die Buchstaben für die Lösung im Kreuzworträtsel. Fehlt ein Buchstabe,
so überlegen Sie sich noch eine weitere Frage. Wollen Sie die Lösungsbuch-
staben nicht nummerieren, unterlegen Sie die Felder farbig oder ordnen die
Antworten so, dass sie, von oben nach unten gelesen, die Lösung erhalten.

Das Entwickeln von Kreuzworträtseln ist eine dynamische Angelegenheit.
Ein allgemein gültiges Rezept gibt es hierfür nicht. Sie können zuerst den
Lösungsspruch festlegen und zu diesem beziehungsweise zu den Buchstaben
aus diesem Spruch die Fragen anfertigen. Sie können auch versuchen, die
Fragen in das Rätsel direkt zu integrieren, das heißt, sie in das zu dem Wort
gehörende Kästchen schreiben.

Silbenrätsel

Beim Silbenrätsel gehen Sie vor wie beim Kreuzworträtsel. Vorteilhaft ist,
dass die Darstellungsweise keine Rolle spielt. Im Vordergrund stehen die
Lösung und die Fragen, und es ist egal, welche Sie sich zuerst überlegen.
Wenn das Lösungswort aus den ersten Buchstaben der Antworten – von
oben nach unten gelesen – gebildet wird, können Sie nachträglich die Fragen
in die entsprechende Reihenfolge bringen. Ansonsten suchen Sie sich die
einzelnen Buchstaben – nicht nur am Anfang sondern auch mitten im Wort
– nachträglich aus. Sollte ein Buchstabe fehlen, überlegen Sie sich eine
weitere Frage oder nehmen sich aus einer Antwort mehrere Buchstaben.

RÄTSELHEFT

Eine rätselhafte Hochzeitszeitung

Bilderrätsel

Am Computer ist es einfach, ein Bilderrätsel aus einer Fotografie oder einer Zeichnung anzufertigen. Wer möchte, kann auch durch geschicktes Fotokopieren ein Bild verfremden.
Die auf dieser Seite gezeigten Bilder sind Computermontagen und weisen sechs Unterschiede auf.

Labyrinth

Die Herstellung eines Labyrinths erfordert etwas zeichnerisches Geschick. Das Ergebnis lockert jedoch jede Hochzeitszeitung auf, allein schon deshalb, weil das Labyrinth von Hand (nach)gezeichnet wird und so der Zeitung eine persönliche Note gibt. Am besten besorgen Sie sich eine Rätselzeitschrift oder kopieren das Labyrinth aus diesem Buch heraus und vergrößern es. Außer dem hier abgebildeten Labyrinth gibt es noch die Möglichkeit, eine Art Schlauchknäuel zu zeichnen.
Als Start und Ziel sollten Sie Motive der Hochzeit wählen: das Brautpaar, Symbole der Hochzeit wie Eheringe, Herzen und Rosen. Hindernisse in Form von Schwiegereltern erschweren den Weg. Das Ziel kann auch das ersehnte »Jawort« sein. Kleben Sie Fotos des Brautpaares ein oder zeichnen Sie diese von Hand.

Kreuzworträtsel

Lösung

Waagerecht
1. Titel der Braut (Doktor)
2. Lieblingstier der Braut (Pinguin)
3. Lieblingsbeschäftigung der Braut (Stricken)
4. Vorname des Bräutigams (Detlef)
5. Hochzeitsreise des Brautpaares (Japan)
6. Da hält sich die Braut fit (Sauna)
7. Amtlich anerkannte Freundschaft (Ehe)
8. Lieblingsspeise des Bräutigams (Eis)

Senkrecht
1. Italiens Nationalgericht (Pasta)
2. Land in Stiefelform (Italien)
3. Vorname der Braut (Beate)
4. Jetzt darf er ihn ihr endlich geben (Kuss)
5. Behälter für ein Brautaccessoire (Vase)
6. Je älter, desto besser (Wein)
7. Orales Verhütungsmittel (»Nein«)
8. Das Patenkind der Braut heißt ... (Sebastian)
9. Ort am Lago Maggiore (Ispra)

Lösung: Alles Gute

START

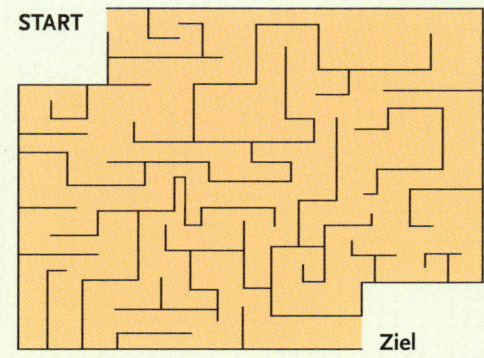

Ziel

Scherzfragen

Auch Scherzfragen fallen unter die Rubrik Rätsel. Hier ein paar Beispiele:

Was ist der Unterschied zwischen einem Heuwagen und einer Zigarette?
Am Heuwagen ziehen zwei Ochsen.

Was ist der Unterschied zwischen einem Mercedes und einer Rolle Klopapier?
Den Mercedes kann man auch gebraucht kaufen.

Einige Monate haben 30 Tage, andere 31 Tage. Wie viele Monate haben 28 Tage?
Alle natürlich.

Was war am 6. 12. 1933?
Nikolaus.

Ist es in Kolumbien erlaubt, dass ein Mann die Schwester seiner Witwe heiratet?
Nein, denn er lebt ja noch.

Vermischtes

Etikette

Alles Schwindel

1 Am .... hat sich jeder Gast zu amüsieren, und zwar so gut und so viel er kann.

2 Die Hochzeitsfeier beginnt mit ihrem pünktlichen Anfang, aufhören wird sie sofort nach dem Ende.

3 Der Nichtbefolger dieser Verordnung bestraft sich selbst durch Langeweile.

4 Wer einmal da ist, ist verpflichtet, so lange zu bleiben, bis er weggeht.

5 Niemand darf weniger trinken, als er vertragen kann. Wer noch mehr trinkt, tut es auf eigene Gefahr.

6 Jeder hat seine beste Sonntagslaune bei sich zu führen und zum Gelingen des Hochzeitsfestes beizutragen. Skatkarten und Strickzeug sind am Eingang abzugeben.

7 Getränke sind genügend vorhanden, es braucht daher niemand zu versuchen, in der ersten halben Stunde so viel zu trinken, dass er für den Rest des Abends genug hat.

8 Das Verlassen des Hochzeitsfestes vor Anbruch der Morgendämmerung ist nicht gestattet. Ausnahmen werden nur nach geheimer Abstimmung mit allen Anwesenden zugelassen.

9 Es ist gestattet, auch einzelne Ansprachen zu halten, jede Rede an das Brautpaar hat jedoch mit »Hoch« oder »Prost« zu enden. Es dürfen nicht mehr als fünf Redner gleichzeitig sprechen.

10 Die Braut ist so zu entführen, dass man sie spätestens am Ende der Feier wieder findet.

11 Damit ein Vortragender nicht merkt, wenn er sich blamiert, ist grundsätzlich nach jedem Absatz zu applaudieren.

12 Sollte die Zahl der Gäste auf weniger als einen zusammenschrumpfen, ist endgültig die Feier beendet.

13 Jeder hat seine genaue Adresse auf dem Rücken zu befestigen, damit er nötigenfalls sicher nach Hause gebracht werden kann.

14 Wer diese Verordnung nicht befolgt, wird zur nächsten Hochzeitsfeier des Brautpaares nicht eingeladen.

Brief und Siegel

Briefe sind oft der Beginn einer Beziehung, und manchmal wird über einen Brief auch um die Hand der Liebsten angehalten, also ein Heiratsantrag gemacht. Nichts ist so schön, wie später die alten Liebesbriefe hervorzuholen und in Erinnerungen zu schwelgen – da kann eine E-Mail einfach nicht mithalten.

Vom Thema her gehören Liebesbriefe natürlich in Hochzeitszeitungen hinein. Da derartige Briefe in der Regel jedoch nur den Absender und den Empfänger etwas angehen, dürfen sie natürlich – selbst im privaten Rahmen – nicht veröffentlicht werden.

Eine andere Möglichkeit, die Intimsphäre der Beteiligten zu wahren und dennoch dieses schöne Thema in die Hochzeitszeitung mit aufzunehmen, besteht darin, Musterliebesbriefe aufzusetzen – als Hilfestellung für das zukünftige Ehepaar sozusagen.

Oder Sie zeigen, wie andere es gemacht haben, und stellen eine Sammlung bereits veröffentlichter Liebesbriefe bekannter Persönlichkeiten zusammen. Vielleicht ergibt sich – unbeabsichtigt natürlich – die eine oder andere Parallele zum Brautpaar? Auf jeden Fall ist es spannender Lesestoff.

Hier einige Beispiele zur Anregung:

Nur für Damen:
Zusagende Antwort auf eine
Liebeserklärung

Beispiel 1
Wertester Herr!
Könnte ich wohl dieses Schreiben besser, angenehmer und mit wichtigeren Worten für Sie beginnen, als mit der Versicherung, dass auch ich während unseres Umganges Sie stets von einer liebenswürdigen Seite kennen gelernt habe, dass Sie sich nicht irrten, wenn Sie glaubten bemerkt zu haben, dass Sie mir nicht gleichgültig geblieben waren. Dass es auch mein Ansinnen ist, Freud' und Leid durchs ganze Leben hindurch mit Ihnen zu teilen, mit einem Worte, dass ich Sie liebe, Ihnen die Hand reiche, um den Bund der Ehe mit Ihnen zu schließen, und Ihnen das Versprechen gebe, den Schwur leiste, diesem Bunde immer treu zu bleiben.
Meine Eltern, die mir ihre Einwilligung zu der vorstehenden Erklärung gegeben haben, freuen sich, einem solchen Manne, wie Sie es sind, ihre Tochter anvertrauen zu können, dessen einziges und eifriges Bestreben es ist, mir ein glückliches Leben und eine glückliche Zukunft zu bereiten. Mein Bestreben wird die gleiche Richtung haben, stets werde ich mich bemühen, Ihnen zu zeigen, dass ich bin
Ihre Sie unendlich liebende, S. U.

Beispiel 2
Geehrter Herr W. M.!
Auf Ihren umunwundenen Antrag fühle ich mich gedrungen, ohne langes Zögern zu antworten, dass ich bereit bin, mein Lebensglück in Ihre Hände zu legen. Um-

so lieber, da mich Ihr offenes, freund-
liches Wesen schon lange für Sie eingenommen hat. Freilich bin ich nicht im
Stande durch äußere Güter Ihre Glückseligkeit zu erhöhen, aber wenn Ihnen ein
treu liebendes Herz genügt, so werde ich
mich mit Freuden nennen
Ihre ergebene R.R.
Aus: Neuester Briefsteller für Damen.
Ein Hülfsbuch für den schriftlichen Ver-
kehr im Liebesleben, herausgegeben von
Elsa Brand, Verlag Püttmann, Leipzig-
Berlin

Nur für Herren:
Schriftliche Annäherung, 1. Versuch

Liebe Susi,
wihlst du mit mihr gehn ?
Dan kreutz bite an :
     ja
     viehleicht
     bis zur Bushaltestelle
Dein Heiner

Welch' ein Zustand!
Du abscheuliches Ding!
Ich glaube gar, ich bin in dich verliebt!
Seit gestern, da ich nämlich deinen
kritzeligen Brief erhielt, hab ich ihn schon
dreimal gelesen.
Franz Grillparzer an Katharina Fröhlich
Anmerkung: Die Partnerin hat eine
»Sauklaue«.

Wie man seine Schwächen eingesteht
Nimm mich, teures Mädchen, mit allen
meinen Fehlern. Es wird mir wohl, zu
denken, dass ich mich einer Person gebe,
der ich mich auch mit diesen Fehlern
geben kann.
Johannes Gottlieb Fichte an Johanna Rahn

Glück braucht kein Geld
Dass ich in einer armen, niedrigen Hütte
schwarzes Brod mit dir esse und gesundes
Wasser mit dir trinken will, und eben so
glücklich und vielleicht glücklicher sein
werde als im Glanz der Welt.
Karoline an Johann Gottfried Herder

Es kann auch lange währen
Weißt du, dass es heute ein Jahr ist, dass
wir im Holze waren! Wonniglich wollen
wir hinaus, sobald wir es wieder ohne
Feuerstübchen tun können. Lebe recht
wohl, liebes Bein von meinem Bein, und
empfehle mich dem ganzen Dietrich'schen
Hause.
G. Chr. Lichtenberg an seine Frau
Margarete

Verliebt!
Doch – ich liebe dich ja unter jeder Laune
fort – mein Zustand ist also doch nicht
der schlechteste. Denke recht oft an mich.
Du weißt's – ich bleibe unzertrennlich.
Hölderlin an Luise Nast

Vom Wünschen und Schenken
Zum Schlusse wage ich noch eine Bitte:
sie ist, dass ich wieder gern so glücklich
sein möchte, eine von Hasenhaaren ge-
strickte Weste von Ihrer Hand zu besitzen. Verzeihen Sie die unbescheidene
Bitte. Sie entsteht aus großer Vorliebe für
alles, was von Ihren Händen ist, und
heimlich kann ich Ihnen wohl sagen, eine
kleine Eitelkeit liegt mit dabei zugrunde,
nämlich, um sagen zu können, dass ich
etwas von einem der besten, verehrungs-
würdigsten Mädchen in Bonn besitze.
Ich habe zwar noch die Erste, womit Sie
so gütig waren, mich zu beschenken, aber
sie ist durch die Mode zu unmodisch
geworden, dass ich sie nur als etwas von
Ihnen mir sehr Teueres im Kleiderschrank
aufbewahren kann.
Ludwig van Beethoven an Eleonore von
Breuning

Älterer Mann heiratet junge Frau
oder »Midlife-Crisis«:
Ach Kind, ich bin 50 Jahr'! Da hat die
Liebe nur noch Sehnen, das meines flie-
genden Holländers: Ruhe nach Stürmen!
Aber wie du gemacht bist, gebe ich die
Hoffnung nicht auf, sie mit dir zu
erreichen!
Richard Wagner an Mathilde Maier

Gesucht / Gefunden

Ähnlich wie in der Rubrik »Kleinanzeigen« findet sich unter »Gesucht/Gefun-
den« Vermischtes zum Thema Heiraten. Ob es sich um die Anzeige in der
Zeitung handelt, in der man die Hochzeit bekannt gibt, oder um das Aufgebot beim Standesamt (welches mittlerweile freiwillig aufgesetzt wird und
nicht mehr zwingend vorgeschrieben ist): Abgedruckt in der Hochzeitszeitung gelten derartige Schriftstücke nahezu als »historisch« belegt.

Eine weitere Idee: Fotografieren Sie einen Aufgebotaushang und stellen Sie
einen weinenden Verehrer davor. Oder Sie arrangieren eine Demonstration
von Freunden vor dem Aushang, die Plakate halten mit der Aufschrift:
»Susi, verlass mich nicht« oder »Wir sind dagegen«.

**Petra, verlass
mich nicht!
Klaus**

Ich will euch
mal was sagen:
Wenn ihr das
macht,
dann ...!

Wenn das
die Anna
wüsste!
Helga

Tu es nicht,
Petra!
Jemand, der es
gut mit dir meint

Warum nur,
Klaus?

Polizei Protokoll

Vermisst: Weibliche Person

Name: Susi, Schatzilein, Moppelchen

Ort: Musterstadt

Warum: Zwecks Heirat

Von wem: Dem Bräutigam

Besondere Merkmale: Heftig verliebt

Augenfarbe: Blau (was denn sonst?)

Anzeige
Mir wurde am 26.10.1998 mein Herz gestohlen.
Wer hat diesen Vorgang beobachtet oder kann
Aussagen darüber machen?
Für Hinweise bin ich dankbar.
Der Finder bekommt einen stattlichen Finderlohn,
Heirat nicht ausgeschlossen.
Die Braut

Aufgebot

Einwohnermeldeamt
Standesamt
Stadt: Musterstadt
Es heiraten: **Petra und Klaus**
Wer hat dagegen einen Einwand?

Die Braut wird vermisst! Wer hat sie gesehen?

Ein Suchfoto eignet sich hervorragend, um mithilfe von Passanten – und Wirten – die Gesuchte noch vor Ende der Feier wieder zu finden. Vergrößern Sie hierfür ein Foto der Braut und kleben Sie es in die Hochzeitszeitung ein. Wenn Sie möchten, kopieren Sie die links abgebildete Vorlage, schneiden sie aus und kleben sie wie ein Passepartout über das Foto.

Passend zur Brautentführung können Sie auch Hinweise in der Hochzeitszeitung abdrucken, die dem Bräutigam Tipps bei der Suche nach seiner frisch Angetrauten geben. Erwähnen Sie beispielsweise, wer die Braut zum letzten Mal gesehen hat, beziehungsweise wo die Braut zuletzt gesehen wurde. Das Ganze kann dann wie eine Art Schnitzeljagd aufgebaut werden, indem Sie dem Bräutigam Spuren anbieten, die er sichert und die ihm jeweils neue Hinweise geben. Auch ein Rätsel, welches der Bräutigam in Etappen lösen muss, kann Hinweise auf den Aufenthaltsort der Braut geben.

Natürlich kann auch der Bräutigam entführt werden. Um die Suche zu beschleunigen, können Sie ein »Kopfgeld« anbieten.

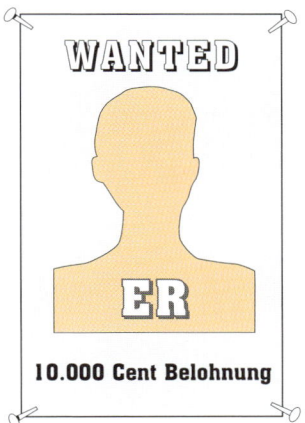

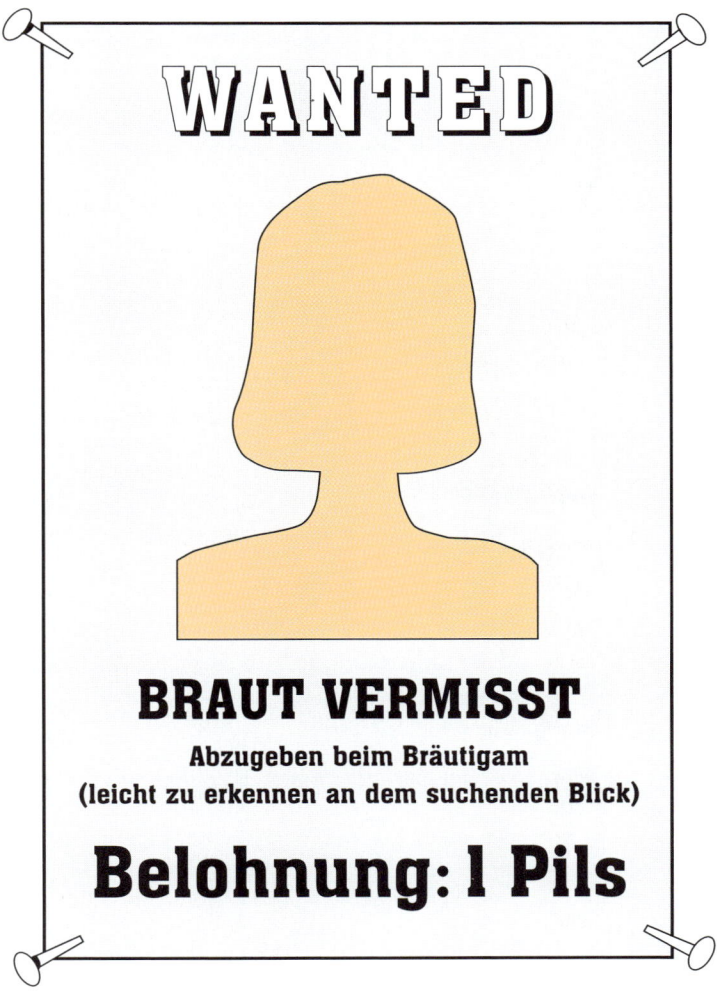

In und Out

10 Gebote

① Versucht in den ersten zehn Jahren, euch zu lieben.

② Versucht danach, euch wenigstens zu mögen.

③ Versucht in der Zwischenzeit, euch zu respektieren und zu achten.

④ Versucht alles – oder zumindest das meiste – zu vermeiden, was den anderen kränken könnte.

⑤ Versucht, die Schuld für die eigenen Missgeschicke nicht dem anderen in die Schuhe zu schieben. Jedenfalls sollte er nicht für alles, was schief geht, verantwortlich sein.

⑥ Versucht, euch an Absprachen zu halten.

⑦ Versucht, nicht zu viele Absprachen zu treffen.

⑧ Versucht, dem anderen zu vertrauen.

⑨ Versucht umgekehrt, des Vertrauens wert zu sein.

⑩ Versucht alles zu vermeiden, was unter den Verboten aufgeführt ist.

10 Verbote

❶ Vermeidet in den ersten zehn Jahren, euch heftig und böse zu streiten.

❷ Vermeidet danach, euch überhaupt nicht mehr zu streiten.

❸ Vermeidet in der Zwischenzeit, euch Wichtiges nicht mitzuteilen.

❹ Vermeidet alles – oder zumindest das meiste –, was die Privatsphäre des anderen verletzt.

❺ Vermeidet Gleichgültigkeit und Sich-gehen-lassen dem anderen gegenüber. Jedenfalls zumindest an den allermeisten Tagen.

❻ Vermeidet, Dinge zu tun, die den anderen enttäuschen könnten.

❼ Vermeidet, dem anderen zu viel zu versprechen.

❽ Vermeidet Missverständnisse, indem ihr dem anderen zu wenig zuhört.

❾ Vermeidet Missverständnisse, indem ihr dem anderen zu wenig erzählt.

❿ Vermeidet alles, was euch selbst oder dem anderen schaden könnte.

Ausreden

PRO

KONTRA

Ich habe nicht angerufen, weil:
… ich gedacht habe, du bist sowieso nicht da.
… mein Akku im Handy leer ist.

Ich komme zu spät, weil:
… ich so viele Autogramme geben musste.
… ich erst den Detektiv abschütteln musste.

**Ich habe unseren Hochzeitstag
(deinen Geburtstag) vergessen, weil:**
… ich nur mal testen wollte, ob du daran denkst.

Ich kann heute nicht kochen, weil:
… der Kühlschrank leer ist.
… wir abnehmen müssen.
… ich das Kochbuch nicht finde.

Ich kann heute nicht putzen, weil:
… ich nur zwei linke Haushaltshandschuhe
   besitze.

Ich kann heute nicht abwaschen, weil:
… ich gerade heute meine Spülmittelallergie habe.

Ich kann heute den Müll nicht wegbringen, weil:
… ich vergessen habe, wo unsere Mülltonne
   steht.
… es gleich dunkel wird.

Ich habe nicht angerufen, weil:
… ich keine Telefonzelle gefunden habe.
… ich mein Handy nicht bei mir hatte.

Ich komme zu spät, weil:
… mir mein Absatz abgebrochen ist.
… ich mich verfahren habe.
… mein Deo versagt hat.

**Ich habe unseren Hochzeitstag (deinen
Geburtstag) vergessen, weil:**
…. ich nicht wissen konnte, wie schnell ein Jahr
   vergeht.
… wieso vergessen? Den haben wir doch erst
   gestern gefeiert!

Ich kann heute nicht kochen, weil:
… ich meine Moräne habe.
… die Töpfe noch nicht abgespült sind.

Ich kann heute nicht putzen, weil:
… ich das erst vor vier Wochen gemacht habe.

Ich kann heute nicht abwaschen, weil:
… ja noch frische Teller im Schrank sind.

Ich kann heute den Müll nicht wegbringen, weil:
… es gleich regnet.
… mich sonst unser Nachbar sieht.
…. ich nicht emanzipiert bin.

Wünsch dir was

Geschenke spielen in der Regel bei der Hochzeit eine Rolle und sollten deshalb auch in der Festzeitung ihren Platz finden. Diese bietet zudem eine gute Möglichkeit, Hochzeitsgeschenke ihren Gebern zuzuordnen. Damit helfen Sie, das Problem zu umgehen, vor dem die Paare oft nach ihrer Hochzeit stehen: Die Geschenke wurden auf der Feier entgegengenommen, oft auch die dazugehörigen Karten, doch spätestens beim Auspacken wurde alles vertauscht und verlegt. Bei wem soll man sich jetzt für was bedanken? Selbst wenn die Zuordnung Tage später auf wundersame Weise doch noch funktioniert, macht sich das Brautpaar selten die Mühe, festzuhalten, welcher Gast welches Geschenk gemacht hat. Aber genau das ist sehr schade.

Eine Geschenkeliste, die speziell für die Hochzeitszeitung gestaltet wurde, schafft nicht nur Abhilfe, sondern ist die Gelegenheit für jeden Gast, persönliche Gedanken seinem Präsent hinzuzufügen. An Ihnen als Initiator der Hochzeitszeitung liegt es jedoch, die Geschenkeliste vorzubereiten. Orientieren Sie sich hierfür an der Hochzeitsliste, die oft vorher herumgereicht wird, oder an dem Hochzeitstisch im Haushaltswarengeschäft. Die Gestaltung des Beitrags können Sie den Gästen überlassen oder selbst übernehmen.

Weitere Ideen für Gutscheine, Quittungen und andere Formulare, die sich als Zusatzgeschenk eignen:
▶ Gutschein für
1 x Babysitten
▶ Anforderung für
1 x beim Umzug helfen
▶ Gutschein für
1 x helfen, die Braut über die Schwelle zu tragen
▶ Quittung für eine Super-Ehe
▶ Lieferschein für
1 Frühstück

Hier ein paar Vorschläge, wie sich Geschenke in eine Hochzeitszeitung integrieren lassen: Jedes Geschenk kann mit einem Gutschein für eine besondere Aktion verbunden werden. Schenkt Onkel Stefan beispielsweise eine Vase, so kann er der Hochzeitszeitung einen Gutschein für einen Blumenstrauß beilegen lassen. Oder Tante Brigitte möchte Teile eines schönen Ess-Services überreichen, dies ist ihr aber zu unpersönlich. So wendet sie sich an Sie und lässt über die Hochzeitszeitung mitteilen, dass daran ein Abendessen gekoppelt ist.

Sollten einige Gäste Geld schenken wollen, gibt es die Möglichkeit, einen oder mehrere Geldscheine mit in die Zeitung einzuarbeiten, die das Brautpaar überreicht bekommt. Für einen einzelnen Geldschein fertigt man ein Passepartout als Rahmen an, der den Blick auf einen Teil des Scheines frei lässt. Dieser gerahmte Schein wirkt wie ein echter Kupferstich. Für die Übergabe mehrerer Geldscheine können Sie die Scheine so falten, dass nur die Zahlen zu sehen sind und so ein neuartiges Zahlungsmittel entsteht.

Für Brautpaare, die gerne spielen, gibt es folgende Geschenkvariante, die in die Originalzeitung eingeheftet wird: Besorgen Sie sich in einem Spielcasino für einen angemessenen Betrag Jetons. Ein Besuch in einem Spielcasino ist auf jeden Fall ein Erlebnis. Die Jetons können Sie in der Hochzeitszeitung mit Doppelklebeband oder speziellen Klebepads fixieren und Sie können noch einen Gutschein für ein Getränk dazulegen.

Geschenke Liste

Namen eintragen	**IN**	**Sie**	**OUT**	Namen eintragen

IN / Sie

Ohrstopfen für ein Jahr
(der Bräutigam schnarcht)

Handschellen
(der Bräutigam ist gesellig)

Kaffeegeschirr aus Kunststoff
(derartiges eignet sich gut als
Wurfgeschoss)

eine zusätzliche Fernbedienung
(für die gemeinsame
Programmwahl am
Samstagabend)

eine Zahnpastatuben-Aus-
quetschmaschine
(ein Scheidungsgrund weniger)

OUT / Sie

Nudelholz
(derartige Hardware
benötigten allenfalls unsere
Großmütter)

Kochbuch für Fortgeschrittene
(ein Hinweis mit dem
Holzhammer)

Topflappen Größe Small
(ohne Kommentar)

Telefon
(bloß kein Vorurteil auslassen!)

Lockenwicklerset
(findet das wirklich jemand
lustig?)

Namen eintragen	**IN**	**Er**	**OUT**	Namen eintragen

IN / Er

Eisenkette, Länge 10 m
(die Braut ist ebenfalls gesellig)

zusätzlicher Fernsehapparat
(für lange Samstagabende)

eine Zahnpastatuben-
Wiederverschließmaschine
(nun kann morgens im Bad
fast nichts mehr schief gehen!)

Kochbuch für Anfänger
(gehört zur notwendigen
Basisausstattung)

Kochkurs für Anfänger
(ebenfalls überlebensnot-
wendig)

OUT / Er

Eine Dauerkarte für den
Fußballverein seiner Wahl
(zum Gähnen)

Ein Kasten Bier
(Prost!)

Abonnement des »Playboys«
(warum in die Ferne
schweifen ...?)

Hauspantoffel, beheizbar
(für kalte Füße ist ab sofort die
Wärmflasche mit Ohren
zuständig)

Gutschein für eine
Bekanntschaftsanzeige
(wozu??)

Alles Gute

Oft ist die Verpackung eines Geschenkes und die Art und Weise, wie schriftliche Glückwünsche überbracht werden, wichtiger als der eigentliche Inhalt. Die hier aufgeführten Ideen sind zum einen als Verpackung für ein Geschenk und zum anderen als ungewöhnliche Möglichkeit, schriftliche Glückwünsche zu überbringen, geeignet.

Ein Bericht in der Hochzeitszeitung über Form und Verpackung der außergewöhnlichsten Geschenke lässt die schönsten dieser Ideen nicht in Vergessenheit geraten. Diesen Beitrag kann ein Redaktionsmitglied recherchieren, das selbst nicht viel schreiben möchte. Die Verpackungen und Geschenke sollten fotografiert oder gezeichnet werden.

Ein Tipp: Es ist hilfreich, die eingeladenen Gäste nicht nur zu fragen, was sie planen zu verschenken, sondern vorab eine Liste mit individuellen Verpackungsideen vorzubereiten. Sicher sind einige Gäste dankbar dafür, einen guten Vorschlag übernehmen zu können.

Luftballon

Luftballons gibt es in allen Größen, Formen und Farben. Lassen Sie ein Geschenk oder eine Glückwunschkarte in einen Ballon einsetzen. Es gibt hierauf spezialisierte Fachgeschäfte wie zum Beispiel Läden für Verpackungen, Süßigkeiten oder Spielwaren, die einen Luftballon mit Ihrer »Füllung« mit Gas aufblasen. Bei kleineren Gegenstände können Sie es selbst versuchen. Achtung: Bei scharfkantigen Gegenständen besteht Verletzungsgefahr!

Flaschenpost

Eine nach wie vor originelle Möglichkeit, Glückwünsche oder Gutscheine zu überbringen. Wählen Sie eine optisch ansprechende Flasche und stecken Sie das gerollte Schreiben durch die Öffnung. Verkorken Sie diese Flasche wieder und legen Sie sie Ihrem Geschenk bei. Statt der Flasche können Sie auch ein außergewöhnliches Behältnis nehmen, welches Bezug zu den Eheleuten hat wie zum Beispiel eine durchsichtige Wärmflasche, gefüllt mit Herzen oder Fischen, wenn einer der beiden unter kalten Füßen leidet. Eine andere gute Idee ist ein Reagenzglas, wenn einer der beiden Ehepartner beruflich damit zu tun hat. Auch Kunststoffflaschen aus dem Haushalt sind als Behältnisse für kleine Geschenke geeignet, ebenso schöne Glaskaraffen für Essig und Öl.

Musik-Kassette

Mischen Sie eine schöne Kassette mit Lieblingsmelodien des Brautpaares. Fügen Sie zwischen die Musikstücke immer wieder Glückwünsche, launige Tipps für die Zukunft, Gedichte und eigene, selbst gesungene Lieder ein. Bauen Sie diese Kassette wie eine Radiosendung auf und lassen Sie daran verschiedene Leute aus der Verwandtschaft und dem Freundeskreis mitarbeiten. Aktuelle Nachrichten werden verlesen, der Wetterbericht wird vorgetragen, ebenso das Horoskop. Unterbrochen wird das Ganze nur von Musikstücken, die einen Bezug zum Leben des Brautpaares haben. Im Grunde genommen kann diese Aufnahme eine gesprochene Hochzeitszeitung sein. Die meisten Themen dieses Buches eignen sich auch für eine akustische Darbietung.

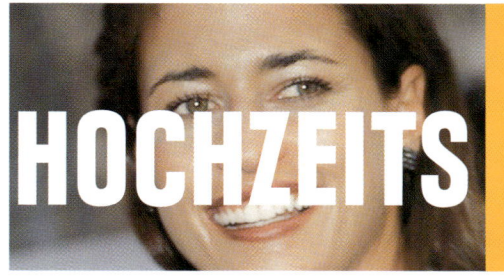

HOCHZEITS BILD ER-BUCH
DAS

»Ein Bild sagt mehr als tausend Wörter«

dpa Wien –Wie unserer Redaktion aus gut informierten Kreisen zugetragen wurde, will das prominente Brautpaar Marion und Alexander sich voneinander ein Bild machen, denn, so ein chinesisches Sprichwort, »ein Bild sagt mehr als tausend Wörter«. Eine Weisheit, die durchaus auch im westlichen Kulturkreis Gültigkeit besitzt. Unseren ausschwärmenden Fotoreportern ist eine phantastische Aufnahme gelungen, die uns jedoch nicht mehr vor Redaktionsschluss erreichte. Daher erhalten alle Abonnenten diese mit einer Dankeskarte in Kürze zugestellt.

Auch aus Verpackungen lässt sich eine Zeitungsseite gestalten. Die schönsten Ideen könnten während der Hochzeitsfeier prämiert werden.

Fotos der beiden Eheleute beleben natürlich jede Hochzeitszeitung.

Da Sie Braut und Bräutigam kaum vorab in ihrer Festtagskleidung ablichten können, müssen Sie entweder die Stellen für die Bilder zunächst frei lassen, und später die passenden Aufnahmen einsetzen, oder Sie verwenden Fotos aus dem bisherigen Leben der beiden.

T-Shirts

Besorgen Sie sich vom Brautpaar ein aktuelles Foto und lassen Sie dieses in einem Kopiergeschäft auf das T-Shirt kopieren. Schreiben Sie dann mit Stoffmalstiften einen schönen Hochzeitsgruß darunter oder setzen Sie **witzige Sprüche** aus der Werbung ein. Alternativ dazu können Sie natürlich für Braut und Bräutigam je ein T-Shirt herstellen. Nehmen Sie beispielsweise **Kinderbilder** der beiden und kommentieren Sie diese.
Oder bemalen Sie das T-Shirt komplett selbst. Platzieren Sie die **Glückwünsche** auf der Rückenseite des T-Shirts. Malen Sie dort zum Beispiel Konservenbüchsen auf, die der Träger des T-Shirts »bildlich« hinter sich herzieht. Oder wählen Sie die Aufschrift »Just married« und setzen Sie die **Namen** der Frischvermählten darunter.

Konservendose

Ebenfalls eine schöne Möglichkeit, Glückwünsche oder Geschenke zu umhüllen, ist die Konservendose. Es gibt in größeren Kaufhäusern oder in Süßwarenläden die Möglichkeit, Dinge in Dosen einschweißen zu lassen.
Dabei kann man dann die Dose selber bekleben oder ein gängiges Emblem verwenden. Geöffnet wird die Dose mit einem normalen Dosenöffner, den Sie als zusätzliches kleines Geschenk beilegen können.

Aktuelles vom Tage

Mit dieser Rubrik kehren Sie wieder zum Grundkonzept Ihrer Hochzeitszeitung zurück: dem Aufbau einer Illustrierten. Sport, aktuelle Tageskurse der Börsennachrichten, der Wetterbericht und das Fernsehprogramm gehören zu den Standards, die in jeder Tageszeitung zu finden sind. Auch am Tag der Hochzeit ist es interessant zu wissen, wie hoch beispielsweise die Temperaturen steigen werden. Natürlich sind hiermit nicht die Außentemperaturen gemeint. Wenn Sie Spaß an derartigen Umdeutungen haben, nehmen Sie sich eine Tageszeitung vor und schreiben Sie derartige Meldungen auf die Hochzeit oder die frisch gebackene Eheleute um.

Der Wetterbericht lässt sich gut um ein Barometer erweitern. Aus diesem können Sie wiederum je nach Bedarf ein Liebes-, Stimmungs-, Ehestands- oder Erfolgsbarometer machen.

Auch Leserbriefe können in der Festtagszeitung abgedruckt werden oder Hinweise auf Korrekturen oder Richtigstellungen. Als Abschluss bieten sich die »Pressestimmen«, also Zitate aus anderen Zeitungen, an.

Wetterbericht für den … (Datum)

Am … (Datum) wird sich – nach anfänglichem Morgendunst und nach Abzug der am Vorabend entstandenen – unterschiedlichen Benebelungen – im Laufe des Tages ein starker Reif um die Finger des Brautpaares legen. Lokal auftretender Reisschauer sowie starker Nebel vor den Augen und gelegentliche Brandstörungen infolge von Trockenheit können die dann folgende Hochdrucklage nicht beeinträchtigen. Die Temperaturen liegen nahe dem Siedepunkt! Zwischendurch wird es jedoch immer wieder einmal Glückwünsche hageln und ab und zu auch Freudentränen regnen.

Vorhersage bis morgen:

Trotz wiederholter Störungen des Schlafes ist mit der Beibehaltung der Hochdrucklage und einem Übergang zu milder Witterung zu rechnen. Leichter Anstieg der Temperaturen durch Reisefieber ist möglich.

Weitere Aussichten:

Heiter, mit Eintrübungen ist nicht zu rechnen.

Fernsehprogramm

Erstes Programm

10:00	Ein Recht auf Ehe? Talkshow mit Schwiegermutter Gerti
11:00	»Die Frau, die ich liebe, beschimpft mich.« Talkshow mit Lothar G.
12:00	Ratgeber Natur: Die Frau, das unentdeckte Lebewesen
13:30	Comedy Serie: Der Ehe-Märtyrer, Teil 1
14:00	Thriller: Kochen für Ehemänner (Anfängerkurs)
14:30	Sciencefiction: Kochen für Ehemänner (Fortgeschrittenenkurs)
15:00	Aktenzeichen ABC: »Verbotene Liebe« Ein unverheiratetes Paar gesteht
15:45	Spielfilm: Der Rosenkrieg

Zweites Programm

13:10	Talkshow: »Hilfe, mein Mann schminkt sich«
13:30	Talkshow: »Was tun gegen eine glückliche Ehe?«
14:00	Ratgeber Literatur: Liebesbriefeschreiben Teil 1
14:20	Spielfilm: Eine verhängnisvolle Affäre
16:00	Spielfilm: Das Schweigen der Männer
18:00	Fernsehfilm: Die Heiratsschwindlerin

Wirtschaftsnachrichten

Heute wird im Raum ….. (Ort) mit einem Engpass bei der Versorgung mit Bier und Sekt gerechnet. Grund ist eine ausschweifende Feierlichkeit, die von den Familien G. und H. veranstaltet wird. Dabei haben beide Familien sämtliche Reserven an alkoholischen Getränken aufgekauft. Es wird mit einem schwunghaften Anstieg von Verkäufen auf dem Schwarzmarkt gerechnet.

Eine Ehe kann man auch von der »sportlichen« Seite aus betrachten. Liefert der Sport doch auf jeden Fall ausreichend Themen für eine Seite in der Hochzeitszeitung.

Vielleicht hat sich das Brautpaar beim Sport kennen gelernt – oder es betreibt zusammen eine Sportart. Eventuell ist auch einer der beiden begeisterter »Nichtsportler«. Möglicherweise ist der Ehefrau die samstägliche Sportschau ein Dorn im Auge? Dann liegt es an Ihnen, einen Maßnahmenkatalog zu liefern oder wertvolle Tipps zu geben. »Wie begeistere ich meinen Partner für meinen Tennisarm?« oder: »Wie bringe ich ihn auf die Palme?« oder: »Wie motiviere ich den Sofasportler zum Aktivsport?«

Hürdenlauf I

Wie heute vom Sportkomitee festgelegt wurde, ist bei der nächsten Olympiade der Hürdenlauf auch als Paarlauf zugelassen. Grund war die Erkenntnis, dass nur miteinander verheiratete Paare über eine entsprechende Erfahrung im Ehe-Hürdenlauf verfügen und eine reelle Chance auf Medaillengewinn haben. Dies haben Untersuchungen des letzten Jahres gezeigt. Das Testpaar Susanne und Tobias ließ sich die gewonnene Goldmedaille zu Eheringen umschmelzen, und vor der großen Sommerpause steckten sie sich ihre Ringe auch an.

Hürdenlauf II

Neue Disziplin:
Der Vier-Ämter-Hürdenlauf
▶ Standesamt
▶ Meldeamt
▶ Finanzamt
▶ Pfandleihamt
Wer die Hochzeitsfeier nicht allzu opulent gestaltet und bei der Einrichtung der neuen Wohnung bescheiden bleibt, kann die letzte Hürde auslassen.

Ehe-Beratung

Morgens ein Küsschen, abends ein Küsschen, dazwischen keine weitere Belästigung.

Aus der Sportgeschichte:

»Ich hätte lieber den gut gebauten Ringer heiraten sollen. Der würde nicht so viel reden.« Xanthippe

Achtung:

Der Bräutigam fordert heute alle Junggesellen zum Einarmigen Reißen heraus. Mindestgewicht: $\frac{1}{2}$ Bierhumpen.

Fitness-Workout für die schöne Ehe zu zweit.

Fit-For-Ehe zeigt Ihnen gesundes, effektives Ehe-Shaping.

So bringen Sie ihre Ehe in Top-Form:
Die Aussage »Ehetraining bringt nur Jüngeren etwas« ist falsch! Ehetraining wird umso wichtiger, je älter Sie werden. Im Alter bildet sich der Ehemuskel (Liebe) allmählich zurück. Gerade deswegen ist es wichtig, die Ehe mehrmals pro Woche zu belasten, um sie kräftig und mobil zu halten.

Das **Fit-For-Ehe-Workout** für Sie und Ihn will Ihnen vielmehr helfen, Ihre Ehe klarer zu definieren, ohne dass die natürlichen Formen gesprengt werden. **Klasse statt Masse** ist die Devise. Die kleinen Ehemuskeln werden oft vernachlässigt, dabei sind sie besonders wichtig. Zum Beispiel der Abwaschmuskel. Ist dieser verkürzt, kann eine zufrieden stellende Abwaschleistung nicht mehr in der vorgegebenen Zeit erreicht werden.

Wichtig für einen gesunden Schlaf ist auch der Gute-Nacht-Kuss-Muskel, denn häufig führen Verspannungen in diesem Bereich zu Einschlafstörungen.

Olympiade der Jungvermählten

Disziplinen

Wettbügeln (ab sofort)
Rasen mähen (ab sofort)
Autowaschen (ab sofort, meist samstags)
Fangen (1. Jahr)
Wettknutschen (1. Jahr)
Verstecken (ab dem 2. Jahr)
Fernbedienungs-Grapschen (ab dem 2. Jahr)
Tennis: Gemischtes Doppel (ab dem 5. Jahr)
Vasenweitwurf (ab dem 7. Jahr)
Wettkochen (ab dem 20. Jahr)

Dem Hochzeitstag folgen zahlreiche Jubiläen, die häufig nach einem Werkstoff benannt sind.

MerkWürdig

Ehepaaren stehen in den Jahren nach ihrer Trauung, der so genannten grünen Hochzeit, zahlreiche Jubiläen bevor. Für die Bezeichnung der Festtage wird interessanterweise häufig ein Werkstoff genommen. Dieser Werkstoff ist eng verknüpft mit speziellen Eigenschaften und Wertigkeiten. Zinn beispielsweise ist weniger wert als Silber, Silber ist weniger wert als Gold, Edelsteine sind mehr wert als Edelmetalle und so weiter. Stahl ist härter als Zinn, Papier ist leicht zu zerstören. Das Wertvollste und Beständigste sind schließlich die Kronjuwelen. Am Jubiläumsdatum der Kronjuwelenhochzeit ist das Ehepaar 75 Jahre lang miteinander verheiratet.

Auch für die Gäste eines Hochzeitsfestes sind die Jubiläen interessant. Spätestens bei der Nickel- beziehungsweise der Petersilienhochzeit sind sie wieder gefordert. Dann nämlich laden sich diese Gäste nach altem Brauch erneut ein. Sie bringen Essen und Trinken mit und unterhalten das Ehepaar. Als Trauzeuge merken Sie sich das Datum der Hochzeit und zeigen Ihre Verbundenheit mit dem Brautpaar durch Überbringen kleiner Aufmerksamkeiten oder Geschenke an weiteren Hochzeitsjahrestagen. Die Bezeichnung der Jubiläen macht eine Geschenkfindung einfach. Es muss ja kein Rubin sein, auch symbolische Geschenke sind willkommen.

Hochzeitsjubiläen

Nach 1 Jahr
Baumwollene Hochzeit
(auch Papierene Hochzeit
genannt)
Die Ehe gleicht noch
einem unbeschriebenen
Blatt.

Nach 3 Jahren
Lederne Hochzeit
Die Ehe hat in der Regel
ihre ersten Stürme über-
standen und wurde bereits
von einigen Wettern
gegerbt.

Nach 5 Jahren
Hölzerne Hochzeit
Die Beziehung ist nun
»beständig wie Holz«.

Nach 6 1/2 Jahren
Zinnerne Hochzeit
Zinn gehört zwar immer
noch zu den »weichen«
Werkstoffen, es ist jedoch
härter als die vorherigen
Materialien. Eine gewisse
Festigkeit hat die Ehe nun
erreicht.

Nach 7 Jahren
Kupferne Hochzeit
Bei guter Pflege glänzt
Kupfer – aber nur dann!
Andernfalls setzt es
Patina an.

Nach 8 Jahren
Blecherne Hochzeit
Blech ist zwar nicht
gerade ein Edelmetall,
aber im Vergleich zu
Papier doch erheblich
stabiler.

Nach 10 Jahren
Rosenhochzeit
Ab jetzt wird öffentlich
gefeiert. Die Rose ver-
bindet Stacheliges mit
Schönem.

Nach 12 1/2 Jahren
Nickelhochzeit
(in Norddeutschland
»Petersilienhochzeit«
genannt)
Sie bezeichnet die Mitte
zwischen Grüner und
Silberner Hochzeit. In
manchen Regionen
Deutschlands laden sich
die Gäste an diesem
Datum selber ein und
erscheinen mit eigener
Verpflegung und natürlich
einem Sträußchen
Petersilie!

Nach 15 Jahren
Gläserne Hochzeit
(auch als Kristallene
Hochzeit bezeichnet)
Glas bedeutet Klarheit
und Transparenz. Beides
ist nach so langer Zusam-
mengehörigkeit in der
Regel erreicht.

Nach 20 Jahren
Porzellanhochzeit
Gleich dem Porzellan, das
meist als wertvoller als
Glas und Kristall ein-
gestuft wird, hat die Ehe
jetzt ebenfalls einen
höherwertigen Stand
erreicht. Doch Vorsicht!
Nicht umsonst heißt es
auch: »Glück und Glas,
wie leicht bricht das.«

Nach 25 Jahren
Silberne Hochzeit
Ein Vierteljahrhundert
gemeinsame Zeit ist
vergangen. Das hat
verdientermaßen ein
großes Fest zur Folge.

Nach 30 Jahren
Perlenhochzeit
Perlen sind über lange
Jahre gewachsene
Kostbarkeiten, die, als
Schmuckstücke getragen,
immer schöner werden, je
öfter man sie anlegt.

Nach 35 Jahren
Leinwandhochzeit
Dieses Jubiläum hängt mit
einem früher gepflegten
Brauch zusammen: Das
Ehepaar ließ sich in
diesem Lebensabschnitt
als Paar auf Leinwand
porträtieren.

Nach 37 1/2 Jahren
Aluminiumhochzeit
Auch hier ist das Material
wieder als Symbol zu
verstehen: Aluminium ist
ein Werkstoff, der nicht
rostet!

Nach 40 Jahren
Rubinhochzeit
Der glutrote Rubin gilt als
der Edelstein des Feuers
und der Liebe.

Nach 50 Jahren
Goldene Hochzeit
Es ist ein schöner Brauch,
dieses Jubiläum in der
Kirche bei einer speziellen
Nachtrauung zu feiern.

Nach 60 Jahren
Diamantene Hochzeit
Als wertvoller Edelstein
steht der Diamant hier als
Symbol für Unvergäng-
lichkeit und Stärke.

Nach 65 Jahren
Eiserne Hochzeit
Eisen ist ein stahlharter
Werkstoff, kaum zu
verbiegen und nur unter
hohen Temperaturen zu
schmelzen.

Nach 67 1/2 Jahren
Steinerne Hochzeit
Stein gilt als Zeichen für
ewige Haltbarkeit, und
als kleine Ewigkeit
sind 67 1/2 Jahre mit
Sicherheit zu bezeichnen.

Nach 70 Jahren
Gnadenhochzeit
Gemeinsam miteinander
alt zu werden ist leider
längst nicht allen Ehe-
leuten vergönnt. Solch
eine lange Zeit mitein-
ander verheiratet zu sein
ist sicherlich – voraus-
gesetzt, die Ehe ist gut –
eine Gnade.

Nach 75 Jahren
Kronjuwelenhochzeit
Es gibt nichts Kostbareres,
Edleres und Haltbareres
als Kronjuwelen. Ein
zutreffendes Gütesymbol
für eine Ehe, die so lange
Bestand hatte.

Vorschau

Um die Leser auf die nächste Ausgabe der Zeitschrift neugierig zu machen und natürlich um sie zum Kauf anzuregen, steht auf einer der letzten Seiten eines Magazins in der Regel eine »Vorschau«. Was für eine Art von Vorschau bietet sich allerdings für eine Hochzeitszeitung an? Heiraten – jedenfalls gegenseitig – sollten sich die beiden Brautleute nur ein einziges Mal.

Wer möchte, kann kleine Fortsetzungs-Ausgaben der Zeitung für die Hochzeitsjubiläen ankündigen. Es muss ja nicht gleich zur Baumwollenen Hochzeit nach einem Jahr eine zweite Zeitung herausgebracht werden, doch spätestens zur Silbernen Hochzeit nach 25 Jahren wäre es sicher angebracht, über eine Fortsetzungsausgabe nachzudenken.

Auch ohne ein neues Blatt anzukündigen, können Sie einen Ausblick auf das Leben der jungvermählten Eheleute geben. Zunächst stehen die Flitterwochen an, dann ist eventuell ein Um- oder Einzug in eine neue Wohnung geplant und möglicherweise möchten sie bald Nachwuchs bekommen.

Eine weitere Möglichkeit: Listen Sie familieninterne Termine auf, die in nächster Zukunft stattfinden wie zum Beispiel Geburtstagsjubiläen, Schulabschlüsse, Taufen, Konfirmations- oder Kommunionfeiern. Besonders schön ist es, wenn Sie die nächste Hochzeit ankündigen können – und damit haben Sie den passenden Anlass für eine neue Hochzeitszeitung gefunden.

Für den Morgen danach

An die gesamte Hochzeitsgesellschaft: Wir treffen uns morgen früh ab 7:00 Uhr zum Resteessen (wahlweise ist auch ein Katerfrühstück zu bekommen) beim Brautpaar. Bitte Topfdeckel und Kochlöffel für die musikalische Untermalung mitbringen.

Für die nächste Zeitung

Gerne sind wir kostenlos bereit, Euch bei der Erstellung Eurer Hochzeitszeitung mit Rat und Tat zur Seite zu stehen. Wir sprechen hiermit gezielt die Brautstraußfänger und Schleierzerfetzer an! Außerdem weisen wir auf folgende Veröffentlichungen hin :
27. 3. 2002 Bierzeitung für Onkel Hans
15. 5. 2002 Hochzeitszeitung für Anne & Martin
Spenden werden gerne entgegen genommen! Bitte melden bei Hannes,
04XXX-XXXX

Für das Bücherregal

Biografie aus dem Leben einer Wärmflasche mit zwei Ohren:
»Ich lag ihr im Winter zu Füßen«

Harmonielehre:
»Ein Streitratgeber für Paare«

Schachspielen für Fortgeschrittene:
»Wie mache ich eine gute Partie?«

Biographie:
»Lebenslänglich! Leidensgeschichte eines Ehemanns«

Für die Flitterwochen

Wichtig: Nehmt die rosarote Brille mit, sonst werdet ihr auf Wolke 7 zu
sehr geblendet!

Vergesst nicht: Ohrstöpsel gehören unbedingt ins Reisegepäck, oder wollt
ihr, dass eure gemeinsame Reise mit den Flitterwochen endet?
Auch nicht fehlen darf ein Präparat gegen Müdigkeit und Erschöpfungszu-
stände sowie ein Aphrodisiakum.

Außerdem: Hört auf den Rat von jemandem, der es gut mit euch meint,
und nehmt einen Staubsauger mit. Es könnten sich größere Reisvorräte im
Kofferraum befinden.

Und schließlich: Wenn es hinter eurem Auto scheppert, sind es nur die
Konservendosen und nicht die Blechteile eines anderen Wagens.

Fürs Leben

Wie heißt es so schön? Nach der Hochzeitsfeier beginnt der Ernst des
Lebens. So furchtbar ernst ist uns allerdings nicht zumute und feiern wollen
wir auch weiterhin. Deshalb merkt Euch bitte schon jetzt folgenden Termin
vor:
Die Petersilienhochzeit, 15.3.2020.
Party bei Tobias und Susanne.
Festkomitee: Die Redaktion und die Trauzeugen.
Kontakttelefonnummer: 07XXXX-125020.

In letzter Sekunde
Wie wir von unserem ver-
deckten Vermittler soeben
erfuhren, ist im nächsten
Jahr mit einer weiteren
Hochzeit zu rechnen.
Sonja und Peter wollen
sich sehr wahrscheinlich
trauen, diesen Schritt zu
gehen. Zeugen des
Ereignisses sind noch nicht
bekannt.

**Zum Thema bereits
erschienen:**

Antje Dohrn,
So wird die Hochzeitsfeier
zur Party.
ISBN 3-332-01299-1

Imke Ehlers,
Hochzeitsreden.
ISBN 3-332-01244-4

Maya Hasenbeck/
Eckart Bücken,
Unser Hochzeitsalbum.
ISBN 3-332-01294-0

Mechthid Aderholz,
Der perfekte
Hochzeitsplaner.
ISBN 3-332-01335-1

Sybil Gräfin Schönfeldt,
Die schönsten
Hochzeitsbräuche.
ISBN 3-332-01288-6

Fotonachweis:

Juwelier Axel Sedlatzek
Kurfürstendamm 45, 10719 Berlin
Tel.: 030/881 16 27, Fax.: 030/889 223 13
info@juwelier-sedlatzek.de
Seite 47, 56

LOHRENGEL CASSEL
Werner-Heisenberg-Str. 5, 34123 Kassel
Tel: 05 61/99 88 77, Fax: 05 61/998 89 7-88
Seite 39, 69, 75, 78, 80 (Classic),
73 (Selection)

Villeroy & Boch AG
Postfach 11 20, 66688 Mettlach
Tel: 0 68 64/81-0, Fax: 0 68 64 81-2692
www.villeroyboch.com
Seite 36

Wilvorst Herrenmoden
Stettiner Str. 6-7, 37154 Northeim
Tel.: 05551/701-227, Fax: 05551/701-242
www.hochzeit-mit-wilvorst.de
www.wilvorst.de
Seite 6, 8, 10, 15, 16, 20, 23, 24, 29, 30, 32,
33, 34, 39, 40, 42, 44, 45, 51, 52, 57, 58, 59,
62, 68, 70, 73, 75, 77, 81, 85, 86, 89, 91, 92

Susanne Helmold, Traumhaft schöne
Kerzen, Urania-Ravensburger, 2001. Seite 55

Heike Osenberg, Blumenschmuck für den
Tisch, Urania-Ravensburger, 2001.
Seite 60, 61

Die Deutsche Bibliothek – CIP-Einheitsaufnahme
Ein Titeldatensatz für diese Publikation ist bei Der Deutschen Bibliothek erhältlich.

www.dornier-verlage.de
www.urania-verlag.de
1. Auflage März 2002 © 2002 Urania Verlag, Berlin
Der Urania Verlag ist ein Unternehmen der Verlagsgruppe Dornier.
Alle Rechte vorbehalten.

Die Ratschläge in diesem Buch sind von Herausgeber und Verlag sorgfältig erwogen und
geprüft, dennoch kann eine Garantie nicht übernommen werden. Eine Haftung des
Herausgebers bzw. des Verlags und seiner Beauftragten für Personen-, Sach- und
Vermögensschäden ist ausgeschlossen.

Gedruckt auf alterungsbeständigem Papier mit chlorfrei gebleichtem Zellstoff.

Die Schreibweise entspricht den Regeln der neuen Rechtschreibung.

Umschlaggestaltung: Behrend & Buchholz, Hamburg
Titelfoto: ZEFA EMELY
Lektorat: Berliner Buchwerkstatt, Vera Olbricht
Zeichnungen: Martin Schulze, Berlin
Gestaltung und Layout: Berliner Buchwerkstatt, Ulrike Sindlinger
Druck: Sachsendruck GmbH, Plauen
Printed in Germany

ISBN 3-332-01333-5